文學叢刊之五十四

人間煙雲

張健著

文史哲出版社印行

國立中央圖書館出版品預行編目資料

人間煙雲 / 張健著. -- 初版. -- 臺北市 : 文史哲, 民84
面 ; 公分. -- (文學叢刊 ; 54)
ISBN 957-547-954-8(平裝)

855　　84004828

文學叢刊 ㊿54

人間煙雲

著者：張健
出版者：文史哲出版社
登記證字號：行政院新聞局局版臺業字五三三七號
發行人：彭正雄
發行所：文史哲出版社
印刷者：文史哲出版社
台北市羅斯福路一段七十二巷四號
郵撥〇五一二八八一二彭正雄帳戶
電話：三五一一〇二八

實價新台幣二八〇元

中華民國八十四年五月初版

ISBN 957-547-954-8

自序

煙和雲，同樣是介乎氣體和固體之間的奇異存在體，它們看似實存，卻摸不著，抓不住；變幻莫測，氣象萬千，卻又瞬息即逝，無影無蹤。

雲霞是兄弟，同屬美好的現象，有時也成為詩人筆下的美好象徵；煙與霞似同而實異，往往不能博得人們的好感。說得仔細些，雲中雖有烏雲，是造雨降雪的前兆，但人們對雲總是寬宏的、優遇的；煙中雖有鼎爐香煙或祥煙之類的，畢竟不容易受人禮敬和疼愛。

所以，煙是反派或濁物，雲是正派或清流，大自然裏如此，人間也大致如此。

收在這本書裏的作品，有雲、有煙，也有煙雲結為一體的，明白一點兒說，它們既抒寫人間美好的一面，也時而刻劃人間的缺憾，批判人生的疵病。

寫美好事物，則用抒情之筆，淡淡柔柔，間敷五彩，畫人間煙霧，則用半記半敘，間揷議論的筆法，剛柔並濟，簡潔而有力。

「紅樓夢人物」是雲霞，「韋恩與老美」便是煙霧；「教書」、「藍星十四將」是雲也是霞，「迂腐與荒唐」等便是濃煙密霧了。

當然也還有一些中性的文字，如「浮生片羽」、「浴」、「談穿衣」等等，如果用放大鏡來檢驗，它們還是雲八煙二，雖非純美，亦復可親。

除此之外，還有一些人物特寫，如「郭婉容與陳履安」、「張艾嘉與張曼玉」、「仁愛的化身—王守信師母」、「用頭顱敲擊鐵門」（寫黃遵憲）等。由政治家到導演、演員，由慈善家到詩人，雖未涵蓋各行各業，卻都頗具代表性和典型性。

一些書評書介，既是我讀書的心得，也可能成為讀者入山採礦的隧道，願它們安詳地為大家服務。

這本書，這幾十篇篇幅不長的文章，正反映出我對人間的關懷和愛，那怕偶有激憤之氣溢出，也是基於人間的本然情愛。

願讀者閱讀時能入乎其中，出乎其外，欣賞之餘，也給我批評和指教。

張　健一九九五年三月於台大中國文學系

人間煙雲　目次

第一輯

浴

洗澡是人生的一樁大事。人之異於豬仔者幾希！出浴其一端也。據說某些邊疆地區的居民，一生只洗三次澡：出生，結婚，死。如果此話當眞，那麼那兒的單身漢該更減一次了。不過既然是洗澡，就一定用乾淨水洗（有些貴婦人用牛乳，也不能算是污水。），跟成天爛泥潭裏打滾的四腳朋友不同哪。

男人在日常生活方面，似乎確實比女人懶一點。洗澡的次數大概也略少。在軍隊裏受訓的時候，如果週末例假日可以回家，其他五六天就不作「更衣」之想了。這是說的冬天。更衣的古意也許是上廁所，在懶於泡湯的今人來說，它正不妨代替一週或數週舉行一次的脫衣儀式。世界上最負責的大學教授，在二十幾歲的學生們畢業旅行時，也還要盡心督導他們別忘了沐浴去穢。一點不誇張，這是我親見親聞的。也許，有那麼一天，大學裏還得開一門兩學分的沐浴學，選修，各系合班（包括男女生在內），就像近年來各校大學生選修教育課程一樣。可惜那位恩師業已仙逝。

洗澡的方法我不太內行，但對於洗澡所消耗的時間，我倒有特殊的興趣。個人生活方式屬於「不沉著而痛快」一派（另外三派是：沉著痛快派，緩慢而緊張派，優游不迫派。源出滄浪詩話論詩語，略加擴充，不敢掠美。）」因此每浴十分鐘左右，最多不超出二十分鐘，最少五六分鐘。至於「三分鐘熱度」的境界，本人尙未企及。有時候，家父洗腳未竟，我已沐浴終身，挺胸而起，拔步而躍了。所謂黃粱未熟，餘酒猶溫，都可以形容我輩洗澡的速度。說得挖苦點的，乾脆冤枉我們「水都沒沾身」。這當然不是事實。「乾洗」到底不適於人體。不過炎暑之季，日日入缸，任肥皂免役，享受喝白開水式的「純水浴」，倒是無庸諱言的。要知道：專家們說過：少用肥皂，皮膚到老不粗糙！多麼誘人的理論。

背部洗不洗得周到？腳鴨縫裏透不透水？這兩句才問得內行。偷看重耳出浴的曹共公，他的興趣固然別有所在，至少他也是一位沐浴學的行家。他知道人在洗澡的時候都是裸裎袒裼的呀。論格調，他還比當世那些偷窺異性出浴的登徒子（也有登徒女哩）高一級。不過，有些教會的修女是穿著袍子出浴（不，該說「入浴」）的。

回過來說洗澡如臨大祭的。儒林外史裏有一回，專記秦伯祠祭前賢，瑣瑣屑屑，嘮嘮叨叨，全失吳敬梓筆下的簡淨之致。看了這回，除了考據家，沒有不喊頭大的。但是某些古道君子的洗澡大典，決不比這場祭禮新速實簡。他們大沖大洗大刷大塗（香料肥皂）之餘，更要細揉細摸細擦細品；「入浴如品茗」「洗澡像下圍棋」是他們沒說出口的口號。嗚呼！浴室外如有後補人員，便只好苦候得每塊肌肉都發癢了。如果你有耐性在外傾聽：千軍萬馬，龍爭虎鬥，蟋蟀叫冬，野貓呼春……屈指難盡。

等到大功告成，室門微啓之際，但見滿屋煙霧，遍地洪潦。使人弄不清楚到底是火災是水災。而他，那大祭典的主祭人，紅通通如西遊記裏的紅孩兒，興沖沖如紅樓夢裏的劉姥姥，傻楞楞如水滸傳中的李逵。只差羽扇綸巾了。

這種人，教大家佩服、吃驚，而且暗暗懷恨。尤其他若住在公共宿舍裏，一定是丙級人緣的角色。「這傢伙專霸佔浴室當洞房。」十多年後，老同學在街上碰到了，還會扮個鬼臉說給他那口子聽。不過若能保持美感距離去看，這樣的沐浴國手準是法國大革命時代的風雲人物。羅勃斯比爾們呀，你們是把自己當作一枚泥蘿蔔吧——不洗刷它個一兩小時，怎麼能清淨如三達德呢。

還有嬰兒出浴，是爸媽辛酸生涯中難得的遊戲。尤其是初生寶寶。他一撥水，還當是人造衛星發射升空呢。一條小鯉魚，一隻小青蛙，登龍門，發金鼓之聲，都在那對年輕父母的想像中。不過第七位公子，第八位千金的嬰浴，恐怕就一絲羅曼蒂克味也濺不起來了。何況長幼嬉水而無序，弄出孩子的中耳炎來，苦上一輩子，聾他半世紀，也著實讓人寒心！

補記：當年八七水災時我在台中車籠埔受軍訓，一時大抽水機沖得無影無蹤，營地大缺水，洗澡只好移駕附近的山溝。黃昏或薄暮之際，天然美景中配襯了好些零星的天體運動家，未免使草野失色，鄉姑驚惶。十多年後，回憶起來，猶似目睹赧然一顰笑、掩面急轉身的鏡頭。

談穿衣

穿衣服是一種藝術，一種義務，一種煩惱。

不，那也是一種權利。

一位擁有幾千套衣服的女人，也許比一位家藏萬卷圖書的男人更神氣。當然，如果女人而有數千卷冊籍，男人而「穿」幾千套新裝，更是鳳毛麟角，甚至要說是兔角龜羽了。

以穿衣爲煩惱的人，大約不外三種：一是衣食不能週備的窮人，其爲衣也，補之又補，翻陳而不能出新，甚至一件衣服三代穿，一條褲子夫婦共。二是懶人和忙人，他們簡直認爲人生在世，穿衣就是一種奢侈的行爲，耗時費事，無裨口腹，無益心靈，上不能經世濟民，下不能開源積財。這兩種人，第一種可供社會主義者舉例、拍案用，第二種亟須配給悍妻一名，予以痛切管教——否則文明豈不是瀕臨破產邊緣？

至於第三種人，嗳，他們（不，她們）的困境是衣服太多，不勝選擇：穿甲套韻嬌而氣派不夠，穿乙套高貴而欠時髦，丙件風流而不顯花容雪膚，丁件多姿多彩而端莊不足……嗚呼！女媧再世，面對千奇百怪、三教九流的現代新裝，亦必目「迷」五色，而忘卻她補天事業的訣竅了。

一點也不錯：現代淑女一個個都是「補天派」的藝術家：她們自己便是那十全十美而又略有微隙的「天」！衣服，正是五彩的石子。「一補便成仙」豈不比「一雨便成秋」更像一句好詩？愚昧的男士們，欣賞迷你之餘，焉知迷嬉、熱褲、馬裝……之「底」蘊？

太摩登的交際花草者流，吾人摸不著象，不敢置烏鴉之喙，看來也只有說說自己的親友和鄰居了。妻的衣服，正象徵了丈夫的薪水袋和星座。富貴由天乎哉？不然：富貴由妻的穿衣癖。購衣物而不改色有如馬拉松名將者，其外子必然富不起來——除非他是彌勒再世，凱撒復活。西方有白朗黛者流，東方則……我實在也不用舉例了。

有時候，一襲青衣，使枕邊人變成了女生宿舍的舍監——但是跑錯了地方；一抹粉紅的洋裝，又恍惚是初次登台的乳鶯——競選歌唱皇后的鄉下公主；一領祺袍，高貴郡主駕到；一條花裙，童年竹馬飛馳。偶然她也是紀政。而當有那麼一天，她的墨綠挾白點的新大衣在時裝店裏高踞於當家模特兒身上，兀立在那閃著塵埃的光芒的橱窗裏，她準會多快活三天，多烹製三道名菜！

太太想買衣服的時候，是丈夫頭痛的季節。一是支票簿和存款簿所激發的宿疾；一是陪侍上街、肅立如儀的想像鏡頭使然。「大丈夫者，善於伴夫人上街購新裝也。」二十一世紀的辭典裏如果毅然加入這一則，只怕已經被所有的女讀者認爲編者反應太遲鈍了。

至於男人的穿衣，是女人的事，除非有一個亞當是永遠不結婚，也誓不與女性們約會的。還是讓她們去細細品論吧。

辣手與棘手

國文教師常遇到許多以紫亂朱的文字糾葛。「辣手」與「棘手」這一對，恐怕是比較棘手的。「辣」、「棘」二字，貌似兄弟，其實毫無雷同之處。「辣」字從「辛」從「束」；「棘」字則是由兩個「朿」合成，象有刺之木。至於「辣手」、「棘手」二詞，更是差之毫釐，失之千里。「辣手」的應用範圍比較窄，常用的成語有「辣手摧花」，含有手毒心辣的意思，是一個後起之秀的詞彙。至於「棘手」，是難以處理的意思，譬如說：「這件事很棘手。」意即此事難辦，不知如何是好。取喻於有棘刺手，甩不脫，拔不掉。也有人用來形容文學作品的難工的，譬如清人葉燮原詩中論七言律詩，便說「是第一棘手」。仔細分辨起來，二者不僅相去千里，而且還有些恰恰相反的意味——一是使人陷入危險，一是自己面臨困境。

試想一個色狼型的人物，一心欲施辣手，以摧殘某一如花似玉的少女，結果竟發現「對手」是一叢棘手的玫瑰。來者不善，善者不來，靜者不可侮，一動勝脫兔。簡直是美麗的蜂蠆。像當年賈瑞遇上了王熙鳳，一個手段本不夠辣，卻遭到了毒刺棘人的野薔薇。

最近讀到「保羅紐曼教育子女的方法」，這位演優則導的銀壇浪子兼硬漢，事業一帆風順，境界日上層樓，但想不到卻在十二歲女兒的面前，被迎臉刺了一下，好不棘手！原來他偶遇一舊識女星，相邀共進一餐，女兒妮兒便負起保衛母親的重責大任來：「你有沒有和其他的女人鬼混？」

平地一聲雷，逼得這位「永不讓步」的江湖浪子使出渾身解數：「我不知道妳所說的『鬼混』是指什麼。妳有權利問我這個問題，但是……」

刺總算拔掉了，妮兒也許會趕緊跑上前來親她爹地，略表「冤枉好人」的歉意，那時，小玫瑰變成了繞指柔！

不幸我們大部分人所遭遇到的棘手事，多半沒有那麼輕鬆，有時那根刺只是一句無稽的流言，就像根本無兄的第五倫盜嫂的誣謗，可是卻足夠讓人四肢劇痛，五臟不甯了。棘手？只怕該說棘手、棘魂吧。惡意散播流言的傢伙，他們的狠毒，豈下於辣手摧花的急色兒？

辣手的人，多半心狠，但也有迫於情勢、逼上梁山的；棘手的事，倒是善心軟腸人最容易碰上；沒什麼心肝肺腑的，遇樹砍劈，遇山爆破，甚至遇到過於扎眼的太陽，也毫不遲疑的射它一箭，對他們，什麼事才是眞正棘手的呢？警探、間諜影片裏的大反派，一個個都是大刀闊斧、「波瀾浩蕩」的，那怕是上帝，也會對這些變種的人類感到棘手無比吧。

除了大砍大殺，遇到棘手的事怎麼辦？戴上皮手套？繞道而行？學關雲長刮骨療毒？還是效壯士之慷慨斷腕？玫瑰刺碰到皮厚踰恆的手，往往不勝嬌啼，反主爲賓；這種事要落在善於潤色公文奏章的現代師爺手裏，只怕會寫成「心電感應，欣然披靡」吧？

最後奉勸辣心辣手人：辣中自有辣中手。至於對那些「出門便有礙」（孟郊詩）的萬有棘手論者，我們怎麼編織幾句「伏手」的安慰話呢？

耳朵和她的災難

人的雙耳是一朵朵脆弱的蒲公英。您可相信？

貝多芬、隆美爾生前，都曾爲冥頑、刁狡的中耳炎所纏、所苦。

慢性中耳炎——一個既乏詩意又鮮畫趣的名詞——幾幾乎等於是耳朵的癌症。

十年前，我正在澎湖服著「少爺兵役」，一位備有煊赫反光鏡的女理髮師（她幾乎改變了我小半生的命運！）一時殷勤，勇猛而驕傲地，挾著高僧馴毒龍的信心，替我把積垢二十餘年的雙耳大掏特掏一番。一個月以後，猶如黃河之水天上來，污黃惡臭地，膿流不已。繼而在台北赴嘉義（正趕去吃一位好友的喜酒）的夜車中鏗然一聲，左耳耳膜遂宣告穿孔破瓜。二十二歲的小伙子，那裏解會得美麗細菌的厲害！焉知五七覓醫、勉强初癒之後，又兩發三伐；好不容易邂逅一位昴藏的名醫，總算助我剿定內亂，暫保昇平，聽覺也日趨上流，滿心中以爲一了百了了。

三年前，火辣辣的天氣裏，一次重感冒展爪施威，卻又使它——頑强的！——悠然復甦。這以後，三月一小宴，五月一大宴，久而久之，固體液體的藥物，都如帝王舌際的珍饈，——有味亦無味，有情實無情。而且抗生素服用既多，反傷了嬌貴的胃腑，長期瀑入耳中則引起失眠、多汗、頭痛等嬉皮式的副作用。也許因爲體質關係，戔戔五十公斤的弱軀，竟然三受其災。今春，一切已迥非白頭宮女天寶遺事，霸氣十足的博士醫師戲劇化地宣稱：尊膜已有兩大穿孔！同時，流膿二三足月，不舍晝夜，西藥、中藥灌服不下數公斤，一一庸懦罔效。最後破釜沉舟，使用强烈紅外線燈照射多次，才迫使頑敵暫告偃旗息鼓，其實距離季辛吉、黎德壽（一吉一壽，夫復何言！）的和平協定光榮簽訂，不足三五月。暑期伊始，第一樁大事便是住院、切割、修補——一枚新耳膜從此寄居蟹般地座落吾人之西北隅。手術過程的傳奇化，暫且按下不表——因爲一想起古之「六月雪」，區區何足道哉！

不料在悉心的養護下，仍然遭到傷口發炎的意外：眞像煞補鞋匠頭上的汗珠不絕地滴落在破皮鞋上——受苦忍痛、輾轉反側兩閱月，連枕邊人亦爲之寢不安枕，雖在用盡化學、物理、天文（家母祈神）、地理（此係妻的本行，但伊已暫充那朵黃花的特別護士）種種法術之餘，終告痊可，但來日方長，纖纖蒲公英的根苗如何自養？只有默問靄靄蒼天了。而聽覺！體己話請向右側說。

眞想做一個說教者：你們別游泳，別挖耳，甚至別找有反光鏡的村媼理髮；別以爲兩朵蒲公英是溫柔處子，永遠純潔如月色，燦爛似五月。

其實一點也不錯，她們脆弱得像十七歲的大姑娘！

還有，還有今世的華陀扁鵲們：那位發炎初期爲我檢查身體的年輕人，竟大說偈語：「一切正常。」——一切正常！

此際左側又隆隆作響——如蛙鳴，如蟬嘶，如悶砲，一日之間，寒暑迥異。——罷了。罷了。罷了。

耳朵啊，你的災難殺不死樂聖的音符，卻潰敗了那沙漠之狐。

用頭顱敲擊鐵門

——觀黃遵憲紀念書畫展

以往披閱黃遵憲先生的詩集，每爲他的民主開放、愛國精神，嶔崎磊落所感動，佩服他的才學，也敬仰他先知的風範。如今參觀了「紀念黃遵憲先生當代書畫藝術國際展」，更進一步體會到他的卓犖不群。

一、他是一位優秀的詩人，兼爲傑出的政治家、外交家。僅僅說詩人，不足概括他的成就和人格；只說政治家，也不能顯示他的偉大。當詩人兼事救國愛民的政治工作時，他才不致流於一味清談，也不會逐漸走上被權力腐化的末路。黃遵憲便是這樣一位劃時代的人物。

二、用頭顱撞擊緊閉的鐵門：黃先生在世之日，中國在滿清的統治下，不但閉鎖，而且不足以自保，黃氏一出，大聲疾呼，苦口婆心，使民氣爲之一振，民智爲之一開，其貢獻決不限於詩文寫作而已。

三、爲世界開大同的理想：黃先生不止愛國，更關懷全人類，因此他在詩中高唱：「要放光明照大千。」（贈梁任公）這是他畢生的偉大抱負。

此次參展作品的作者多達百餘人，佳作琳瑯滿目，其中趙奇先生的「先民——黃遵憲與華工」，尤使我動容，它本是國畫，卻予人以銅雕的感受，多少憂患與鄉國之思，盡孕其中，而黃氏的崇高精神亦益然流露於作者筆下。

張艾嘉與張曼玉

張艾嘉和張曼玉是兩位國片著名演員，一位生長在臺灣，一位成長在香港，最後卻都在港島發展。

張艾嘉是一位天才演員，連大導演李翰祥都這麼說。她也曾有過綺年玉貌、風姿迷人的年華，但她始終不是以色取勝的「艷星」。她是硬裏子、多面女郎型的演藝人員。每一個有眼光、有企圖心的導演及製片人都會對她青睞。

她的氣質在飄逸的秀髮、精靈的眼睛、俏皮的雙唇之間流漾，有時她像一個頑皮的小姑娘，有時她是一位純樸的村姑，有時她化身為貴婦，時而她又是熱血激盪的愛國少女，她甚至能夠扮演蕩婦，而使人目不斜視。

有人嫌她飾演林黛玉時嘴巴稍大，古典韻味不夠，可是請問：那麼多紅樓夢影片中，那一個林妹妹演出最感人、最入木三分，甚至令人悽婉欲絕？是艾嘉！簡直不作第二人想！以氣質言，當年的樂蒂當然也很適合這個角色，但是比起演技來，樂蒂畢竟還是小遜一籌。

張艾嘉是多才多藝的，在她瘦小的身軀裏，好像有用不完的精力，也著實懷著不斷創造、追求的雄心壯志。她不但是好演員，也是第一流的歌手、導演，同時還從事製片工作，眞是有聲有色，有光有影。

張曼玉是一種不同的類型。她柔中有嗲，嫵媚中有一股爽朗的氣息。如果說張艾嘉帶有一種近乎男人的氣韻，張曼玉則是標準大妹子的典型。她嬌憨而精細，似迷糊而清明，美麗而不膩人，高貴而不倨傲，男人愛她，女人也喜歡她，待人溫和親切，好人緣更增益了她的作品和秀潤。

她的才華也許稍不逮艾嘉，但她的上進心是驚人的，我們親眼看到她在影壇上，披荊斬棘而勢如破竹，乘風破浪而如履平地。如果說命運特別眷顧自愛自勵的人，她便是一個最好的實例。

我們看到一個恍若隔壁女孩的新星，在她微細的光輝中逐漸茁壯，最後，她經由許多難得的歷練，扮演了一個十足吃重的角色——阮玲玉，終於她一鳴驚人，奪得了柏林影展的最佳女主角獎，這是中國女星的最高榮譽，林青霞不曾得，張艾嘉不曾得，繆騫人無緣，鞏俐也失之交臂，而張曼玉平平易易地捧起了那隻金熊。

我常想起她在「肥貓流浪記」（鄭則士、午馬在該片中的演技光輝幾乎淹沒了可愛的曼玉）中，面對一名智障少年的無奈，那種隱隱質疑蒼天的淳厚、酸楚表情，可能會令有心人永世難忘。這就是張曼玉：我們寧可她不太漂亮（其實她有時非常漂亮），而不願失去（或錯過）她近乎完美的氣質和神情。

浮生片羽

教師在教學中變得日益豐富，也在教學中對知識格外渴求。

人在成功中重新調適自己，在失敗中努力揚棄自己的一部分。

花錢是一種樂趣，節儉也是一種樂趣。

人當在諸多的謊言中參悟：眞理之彌足珍貴。

有人欲速則不達，有人欲緩則不成。

哲人每以衆生爲鏡，詩人每以大自然爲鏡，凡人以親友爲鏡，愚人則以自己爲鏡。

進一步退一步看來好笑，其實正是大部分世人的一般生命情態。有的人還習於進一步退兩步呢。

豈止學如逆水行舟，生亦如此。週遭水聲泠泠，不絕於耳，只有愚者充耳不聞。

每個人都有他的精華時刻，有人在早春，有人在晚秋，有人在清晨，有人在深夜。人務必有自知之明，才能把握美好光陰，有所建樹。

幾乎所有的人閉眼睡眠時，心眼兒仍是睜開的。

大家擁向街頭時，有人在小巷中仰視天上的浮雲。

有人以報紙爲靈魂，有人以電視爲靈魂，有人以書籍，有人以電腦，有人以秘書，有人以老師，有人以丈夫或妻子。

有人根本排斥靈魂，把「它」視作廢物。

西法中用七型

運用西洋文學理論研究、賞鑑中國文學，大約呈現出七種不同等第的模式。

一、天衣無縫：那不止是碩學玉成，也可說是妙手偶得。

二、互相生發：中西合璧而不覺其怪異，互滋互補，相得益彰。

三、努力縫合：有點像成衣匠面對不同尺寸、花色的布料，剪剪復裁裁，左思而右盼。

四、勉强逗合：左逗右湊，混成一旅，有點刺眼，有些彆扭，但還不至畫虎類犬，體態全失。

五、生吞活剝：吞到肚裏，非常難受，但卻偏偏裝作瀟灑清高莊嚴神聖的樣子。剝皮拔毛，更不如市場裏的二三流屠夫。

六、破碎支離：如一群貓狗的屍體，遠看已令人膽戰心驚，近窺更使你作嘔三日。

七、不知所云：沒有頭、臉、手、足，更無七竅，一片糊塗，一片混沌，眞不知今夕何夕！

期盼電腦作裁判

所有的運動比賽中，棒球、壘球和拳擊、柔道，裁判是最「重要」，也是最容易有偏差，有私心的。固然，以上幾項比賽，都已行之有年，倘且都有確定的規則和充足的判例，但是裁判很容易流於自由心證，爲所欲爲，甚至以輸爲贏，倒好爲壞，亂點鴛鴦譜。

拳擊裁判可以把一個飽經攻擊的選手的右手舉起，「判決」他是贏家，柔道裁判亦然，不服輸的一方提出抗議，也未必有平反的結果。棒球、壘球裁判呢？也可以把一個低球、高球、歪球判成好球，教打擊手乾瞪雙眼，直跺雙腳。如此一而再，再而三，便告三振出局！或者迫使打擊者亂打一通，形成高飛球被接殺。還有各壘裁判在安全上壘(SAFE)、封殺出局(OUT)之間，也可以上下其手，使得整場球賽顚三倒四，河東河西。

我國棒球隊近年由於歷年少棒、青棒優秀選手的升級，順理成章的成爲世界第一流的球隊，甚至在此次奧運中成爲最搶眼、最熱門的隊伍之一。但是歷年來在國際比賽中，卻屢屢遭遇愛國裁判、「復仇裁判」的杯葛，頻判對手好球，老說我隊投手投的是壞球，弄得我隊以九對十，甚至以九對十三(對方球員加四位裁判)，輸了好幾場不該輸的球。去年在韓國的亞洲盃比賽中，便有這種現象，而且極爲顯著，幸而我隊實力堅强，教練和球員又沈得住氣，吃得起虧，才算履險若夷，勇奪冠軍歸。

不料本屆奧運中，地主美國隊以我國隊爲第一對手，首戰又安排專和我隊作對的韓國裁判閔相基爲主審裁判，其他各壘裁判則多爲美籍，於是在此對美一役中，我隊以一比二A敗北。決賽第一場我隊逢日本，美國裁判作主審，我在轉播現場的畫面上親眼看到，至少有四、五個低得離譜的「上飄球」及下墜球被那位高個子老美判爲好球，使我隊的打擊手搖頭苦笑。這當然直接影響情緒及戰果，於是我隊又以一比二A見敗！

但願不久的將來，棒球業界作一革新，以附有攝影機的電腦爲主審裁判及壘審，這樣便可掃除有心或無意的判決偏差，使球賽進行得更公平、更和諧，也更精彩。可另設裁判一位，處理其他有關暫停、換人等問題，這樣，棒球和前述的三四種運動，相信會成爲更受大衆歡迎的比賽。讓吾人拭目以待。

關門

關門兩字，至少代表三組完全不同的意義：

第一組是：安全、休息、團圓；

第二組是：倒閉、歇業、完蛋；

第三組是：苦讀、潛修、出世。

第一組的意思最通俗，人人都懂，人人都行之有年。「夜不閉戶」是上古時代的理想，而且往往是半寫實半象徵的用法。眞正說起來，除非住在熱帶、亞熱帶，夜不關門恐怕不太「衛生」吧？其實，即使氣溫頗高的地方，倘若有空氣污染、噪音等問題存在，不閉戶怎麼睡得好覺呢？何況今人習慣在室內開冷氣、放暖氣，不關門是會「漏氣」的。因此，既然住在屋子裏，就得時常關門，否則既不安全，又不「健康」；進而言之，有時一關門就有今天到此爲止的意味，關門又加鎖，更表示全家團圓、休息，外人請勿干擾的意義。

至於另一組的關門，情況就比較嚴重。俗語說：「關門大吉」，其實是反諷語，或者是故作輕鬆語，我們不應該太當眞了。十之八九，乃是「大凶關門」。做生意做垮了，不堪賠累，或被合夥人、夥計捲逃、倒帳，或是自家人窩裏反，關上門就一切全休了。至於短期歇業，大門深鎖，也是夠瞧的。有的一拖再拖，終於沒有復活。有的人家人丁稀落，平素一二人居之，等到人都死光了或跑光了，門當然只能關不能開。還有治喪的時候，那喪宅也多半是關著的，除了開弔和頭七……尾七之期。

第三組的關門，意味深長，莊嚴又奧秘。有的純是苦功，有的更含天機。

漢書上說董仲舒「下帷講誦」，「三年不窺園」。「下帷」必關門，自己研讀、傳授弟子，都得謹而嚴，深而密，所以要隔絕外界。因而有「關門授徒」之說——其實「開門授徒」又有何不可？今有森林小學——在宜蘭，昔有國際大學——在印度的森林原野中。

說到「三年不窺園」，更是「關門之尤」。大概那位游走於儒家、陰陽家之間的董老夫子，不僅關上大門，乾脆把窗子也都關上了，免得不小心瞥見後花園裏的花花草草，分了他用功讀書修道的心思。不過這事非同等閒，我們身爲後生小子的，也不敢隨意窺測。史載他「以壽終於家」，足見當年關門閉窗，並未傷及他的健康，也要算是有福之人了。

揚雄「博覽無所不見」，一定也有過好一段關門苦讀的日子。後來爲了一樁政治官司，他竟投閣而下，幾乎不免一死，我常想他之投閣行動，一定也是「關門意識」的連鎖反應。

高僧閉關面壁，或三月，或五載，使人咋舌之餘，不勝欽敬。不過道行不夠的，最好不要輕易效顰。關上此門，更要安帖此心，而且必須持之以恆，不悔不怨，否則豈非弄巧成拙，進退兩難？

我自己不甚喜歡關門，但也有一些面對關門情況無可奈何，或搖頭歎息，或半腔憤怒的經驗：

好不容易積聚了一些稿費、獎學金，興沖沖地跑到一家大書局去買書，到了門口，卻見大門深鎖，不知何故：倒了？「輪休」？暫停營業？

乘坐計程車到某公家機關辦事，卻吃了莫名其妙的閉門羹，關鍵何在？百思不得其解。

關門，關門，多少心靈爲你而受沮，多少情思因你而中斷、扭曲！

聯語戲作

狗年倡忠義　國人迎新機

天地有正氣　日月無新光

風雲蓋大地　脂粉污人寰

杜鵑鳴四野　冷楓舞三秋

夢醒伊甸苑　魂歸離恨天

澀語十分味　苦楝一身豪

事過誰復顧　情至不能已

醜鴨鳴竟夕　美婦轉一生

塊肉保餘韻　枯骨化新春

樂譜譜樂事　詩品品詩心

良辰難見伊　苦境每聞蟬

人傑流言聚　夜長亂夢襲

佳人難斂跡　高岡欲振衣
世界是戈壁　詩人比綠洲
山丘遠如近　聲名紫若灰
人心億忐忑　明月永徘徊
身落十八獄　富甲五大洲
仁者有廣廈　何處是兒家
千錘肺肝立　百戰樓蘭歸
蟻塚每是義塚　詩心焉比石心
政客孰顧邪正　賢妻最辨甘鹹
一朵花一堆土　一個字一顆星
苦臉妻兒在側　長舌鸚鵡無心
婉妙歌聲乍逝　浩然正氣長存
紅娘紅拂孰勝　青衣青衫都佳
尋得一枚細針　推倒萬里長城
一氣貫注金石　片冰激盪玉壺
妻子埋頭苦幹　夫君舉爵歡飲

聯語戲作

肝膽照透日月　手足撥盡雲霓
汶水向天宇注　紅海爲摩西開
九死一生豪傑　千呼萬喚名姝
旗海翻騰日月　蓮池寂滅風雷
胡適之已西去　孫行者頻東來
（行者指洋學人。）
達摩立地成佛　列寧升天禍人
蘇武牧羊千載　孫文逐鹿十番
日月星辰萬象　趙錢孫李百家
千尊佛無凡念　一線天有玄機
聖賢出乎鄉野　懸崖成於高山
臺上笑煞臺下　今人泣醒古人

政治人物的魅力

台北市新發行的「明鏡」雜誌，訪問了二十六位有名有姓的女士，包括立委、作家、校長、議員、製作人、記者、節目主持人等，每個人除了發表對「傑出政治人物」的看法及應具備條件外，更列舉自己心目中最出色，最有魅力的政治人物。

結果，趙耀東以十六票居首，林洋港十五票，孫運璿十一票，錢復八票，宋楚瑜七票，得五票至三票者尚有蔣彥士等十人。

根據這些女士及小姐的意見，傑出的政治人物必須具備以下幾個特點：

一、有辦事的魄力。

二、能擔當，不推託。

三、誠懇，有眞性情。

四、有良好的表達能力。

五、優美的風度儀表。

六、有智慧，能決斷。

這些意見，可謂「雖不中，亦不遠矣。」但在訪問過程中，我們發現幾個現象：

一、李鍾桂只列舉政治人物的重要條件，而且說得很詳細，但卻未說出她心目中的理想人物的名單。這可能因爲她是學者，態度特別愼重，也可能由於她自己曾經從政，現在還是執政黨青工會副主任，她的先生又是剛出任法務部長的「新貴」（訪問時尚爲政次，但升任部長的呼聲已很高），所以顧忌較多。

二、對女性政治人物甚少列舉：也許因爲國內女性政治人物本來不多。

三、對政治人物的儀表和口才似不免過份偏重。不過名列首位的趙耀東儀表未必過人，可見這一現象還不算十分嚴重。

四、有些輿論對趙耀東有時表現的激切態度頗不以爲然，但大部分的女性似乎並不如此，實在耐人尋味。

五、大家對黨內、黨外人士似尚能一視同仁，如康寧祥得二票，尤清得二票。不過，不可諱言的，少數受訪者在提供答案時或不免有些顧忌。

六、少數受訪者所列出的某一二人（甚至列名在前）不免受私交或特殊因素的影響，其超然性不無可疑之處。

除此之外，趙少康獲得四票，統計中漏列，未免疏忽。尤其他是唯一地方性政治人物名列前茅者，更具有象徵意義，漏掉了就等於缺了一肢。

我們希望全面性（包括男女老少）的訪問或調查能在更公正、超然的方式下展開，一方面可供國人參考，一方面更可給予當政的政治人物一些鼓勵和借鏡。

不過，大家應該首先有一個共識：這是一種公眾的「評鑑」，而絕不是選舉政治明星。

獎

「獎」字從「將」從「大」，「將」是聲，「大」是義。換句話說，凡獎都有重大意義，重大的價值。至少是一種大堪稱許的成績，才可以得獎。「將」字雖是聲音，但也未嘗不可以附會一些意思出來——頒獎、給獎是希望得獎者將來有更上一層樓的成就。

就此一觀點論獎，我們就有較寬廣的視野了：

獎不只是爲了過去、現在，更是爲了未來。

得獎不是一個休止符，而是一個換氣符號。

得獎者不一定是最優秀的，但一定有他特殊的表現。

如果得獎只是一種形式或分贓的方式，那將是大謬不然的事！

近年來國內的學術獎及文藝獎，已很少純以分贓、庸酬的方式爲之，而較能建立客觀的制度及公平的評審，這是可喜的現象，但濫竽充數的現象，仍在所難免。

所謂濫竽充數，可分兩方面來說：

一、評審員的濫充：譬如文學院長等未必對詩內行，甚至對文學也是外行，請他們作評審，很可能不是錦上添花，就是緣木求魚。最後也許抓到幾條死魚。

二、得獎人及得獎作品的庸濫：有些作者自己的作品並沒有寫好，文壇的人際關係倒是一等一的，這種人早晚會得一兩個獎，搞不好還連中三元，年年恭喜。「人緣」之可畏，由此可見一斑。

獎之設立，目的何在？在肯定成果，還是在鼓勵潛力？我認為二者兼而有之。但仍當視獎本身的性質而定。

大致說來，國家性及社會性的獎，以肯定、表揚成就為主，這種獎宜乎標準從嚴，不成熟的作品和作者，不必濫加頒予，以樹立其權威性。寧可從缺，不可皆大歡喜。

校園文學獎及青年文藝學術獎，則常以鼓勵未來發展為主，凡作者有若干潛力及表現者，都應儘可能的加以獎勵，使他們更有信心，更有興趣，繼續努力，以求超進。這種獎，常常從缺就乏味了，而且可說失去了設獎的根本宗旨。有些大牌的評審員，儼然是所羅門王，對獎的意義不耐體察，動輒說：「水準太差，」「不夠標準。」因而大力主張「從缺」「從嚴」，恨不得以無代有，全部覆沒，因之使年輕的作家大失所望，這豈不是南轅北轍的作法？

最近有兩三種獎金都頒給未申請的前輩學人及藝術家，這樣做固然有樹立典範、尊敬耆宿的旨意，但切不可流於一窩蜂及錦上添花的地步，否則，「後生小子」們只有三歎廢筆了！

同病共濟

十二年前，我三十三歲的那年暑假，因爲嚴重的中耳炎，我不得不住院動手術。這是我生平第一次住醫院，到現在爲止，也還是唯一的一次。淡彩畫中的一筆淺黑。

我住的醫院是台灣療養院，因爲那兒耳科的李大夫是我常看的資深耳醫。療養院雖位近市區中心點，但因爲有不大不小的院子，環境還算清幽。每天傍晚，早早吃過院裏的純素食伙食，便穿著病人的藍條子衣服漫步於院子裏。噴水池邊，綠草如茵，雖然比不上青年公園或植物園，倒也心曠神怡，覺得是人生中的一種新境遇。

這是開刀前兩三天的情況。那幾天裏，只不過是檢查血壓、心臟等例行「公事」，身心甚爲輕鬆，同時也結識了同房間的三位室友。

其中一位是五十多歲的公務員，台電公司的老職員，一口福州方音，力倡多子多孫。「吃苦就是享受。」另一位是六十多歲的單身老先生，開脾臟的手術使他更爲消瘦，根根肋骨突出。最後一位，是附近一家五金行的小開，二十多歲，身體强壯，圓圓的臉上掛滿可人的笑容，我現在實在想不起他有什麼毛病了——他也會生病嗎？我跟他雖然職業和教育程度懸殊，省籍也不同，但似乎一見如故，隨便聊上幾句，便有如兄如弟之感。

開刀那天早上，他目送我進入手術房。一個半小時以後，我受了不少苦楚（醫生一度忘了打麻醉藥），被推出手術室，逕入病房，妻在旁邊照料，我也隨即清醒過來。只覺得經歷了千山萬水。

他，那位開五金行的朋友，溫煦地走到我的床前，用十分關切的眼神凝視著我。

我以爲他要對我說什麼。不，他沒有啓口。他自然而然地伸出他那隻粗厚的右手，緊緊的握住了我平貼在病床上的左手，一點聲音也沒發。

但是，我知道他的情意了：我們是同「病」共濟的兄弟。

十二年了，我始終忘不了那一刹那。

抄書一百遍

日前隨台大同仁們赴墾丁旅遊，兼觀賞哈雷彗星，我因旅途疲倦，半夜熟睡，未能等到雲散天清，沒有看到這位嬌客。但卻結交了一些原本不識或面熟而不相識的朋友，在交談時，聽到了教育界的一些怪現象。

別的且按下不表，光說某些國小老師罰孩子抄書一百遍的事兒。

國小學童，年紀六歲到十二三歲，凡事似懂非懂，活潑而不免有些頑皮，天眞而不太有理性，犯些小小過錯，功課上偷偷懶，調皮搗蛋，都在所難免。老師在必要的時候，略加懲處，也無可厚非；雖說鼓勵勝於懲罰，適度的警惕和戒止仍屬必要。但是，處罰過量或不合情理，一定會造成嚴重的後遺症。

沒有節制的體罰是其一。我之所以這麼說，是因爲「禁絕體罰」對現在的國小、國中教育而言，根本是不切實際的高調。所以「有節制」是比較中庸的要求。不過，許多國小老師做不到。

至於罰抄書，表面上不是體罰，但是超過某一限度，便形同體罰，甚至是殘忍的體罰。譬如罰抄書一百遍便是一種「溫文爾雅的酷刑」。

試想：一個身心正當的成年人，如果他的上司或政府機構罰他抄國父遺囑一百遍，他會有什麼樣的感受？何況身心俱未成熟的孩子？一課書如果有一百個字，罰抄一百遍，就是一萬字，一個孩子從早到晚猛抄，也許抄到晚上十點鐘可以抄完，但是一定弄得筋疲力竭，搞得不好，還會因此鬧出一場病來。至於在知識意義上，他是否因此把那一課書抄寫得滾瓜爛熟呢？不一定。因爲心中的反感，手臂、手指、背脊的疲勞，會使他由怨而怒，由怒而麻木，到後來，抄書根本只是機械動作而已，甚至本來會寫的字愈抄愈錯，愈錯愈離譜。如此這般，我們可以肯定地說：只有教育的反效果！

何況還有的老師規定，課文、註釋一起都要抄，有的還要抄上兩三課，……眞是可怕！

如果我是家長，我會採取幾種對策：

一、直接與老師溝通：了解孩子受罰的原因，如果孩子確實犯了過錯，建議老師改用其他比較合理的罰法，至少減到抄寫十遍以下。

二、如果老師不聽勸告，只好向校長反映，請校長代爲規勸糾正。

三、逕自告訴孩子：你犯了錯，以後一定要改過，但老師的處罰也太過份，你抄十遍就好了，老師責怪起來，就說是爸爸規定的；不過你另外要讀一兩種有益的課外書，並寫心得，一起交給老師。

四、由孩子抄十遍，家長自己也代他抄十遍，表示家長「管教無方」，願同受處罰，——但十遍是最大極限，過此恕難同意。但願這樣的作法能使那些頑固的老師稍稍省悟。

如果我是教育局長或校長，一定三令五申：禁止這樣不人道，違反教育原理的惡性處罰！

我認爲：要孩子抄書一百遍，比罰他們掃廁所還要差勁得多，因爲後者工作量如在孩子體力範圍內，尚不失爲一種生活教育！

三節合一

現代人逐漸注意休閒活動，所以對各種假期往往歡迎之不暇，恨不得每週除例假日外，還有一天假期。

現有的假期中，有的不放假，有的部分放假，形成不平和尴尬。其中婦女節、兒童節、爸爸節三個節日，便是最顯著的。

記得三十年前，我在師大附中讀高中時，有一次婦女節，班上的五位女生不約而同地（也許硬是商量好的）缺課，風紀股長毫不容情的記了她們一天曠課，後來雖被訓導人員刪除，男生對女生平白多放一天假之不滿，由此可以洞見。假如那天正碰上考試，請問：她們幾位「婦女」該補考呢，還是「保送過關」？

在其他各級學校裏，也有一些奇怪的現象：在國小中，凡是女老師都放假，於是女老師做導師的那些班級，就不論男女生，都沾了光；而男老師一律照常上課，他們的班上，連女生也不能缺席。也許因爲國小女生還算兒童，不夠資格稱「婦女」吧？

大學裏呢？只有少數的女老師享受放假的權利，大部分女同仁仍自動上課；女生也不例外，倒是有些男生，到處打聽：「老師，三月八號不用上課吧？」妙哉！

好吧，就算所有的婦女都在三八節放了假，又怎麼樣？有人說，這一天太太不該燒飯，放假嘛，就要徹底。

好，她不燒飯，誰來燒？丈夫上班，兒女上學，家裏又沒用佣人，看來只好吃館子了。這還是小事。如果身爲太太、母親的，這一天希望跟全家老小團聚一番，或一起出去遊樂，難道讓先生、子女請假奉陪嗎？眞是尷尬！

兒童節四月四日，有時恰好是清明節，現在已經成爲國定的民俗紀念節日，全國各界放假一天，倒是皆大歡喜，爸媽在掃墓之餘，還可以陪孩子玩個大半天。要是那一年清明節遲一天，就無可奈何了！

還有爸爸節。照理說，爸爸跟媽媽在家庭裏的地位是相等的，可是我們的母親節是追隨洋人定的——每年五月的第二個星期天。它本是例假日，這一天母親們照例可以欣然享受子女們的祝賀，甚至先生也對她「另眼相看」，或代她下廚，或邀她旅遊，不亦樂乎！

爸爸節呢？不知是誰發明的：取「八八」諧音，定在大暑天的八月八日，既非例假（只有七分之一的機會），又不放假，眞是形同虛設。我敢說：一百個中國家庭中的子女，至少有九十家的是重母親節而輕爸爸節的，這是情勢使然，令人愛莫能助。

如果以上三節——婦女、兒童、爸爸——合而爲一，改訂在同一天，那該多好呀！那時，全家上下，都可同享天倫之樂了。至於一般成年的男子，似乎沒有放假的權利；不過基於少數「服從」多數的原則，不妨也讓他們沾沾光吧——除非機關團體中須要値班人員，再由他們去擔任吧。定在那一天？四月四日居三節之中，最爲恰當。如果五日是清明節，又可連放兩天，皆大歡喜。

不知諸君以爲然否？

附記：後來我的建議實現了一大半，婦女節、兒童節合併在四月一日放假，至於爸爸節，至今仍是一個「可憐的孤兒」。

兩位可敬的老人

今年我爲文化界兩位可敬愛的老人各寫了一首詩，茲合爲一篇，以饗世人。

一、穿越世紀的長巷

敬致郎大師

您是一股暖風
悠然飄拂過仁愛路和平路

一片純白的雲
自您的集錦山水中逸出
投影向每一湖泊的波心

一襲天藍的長衫

一個市聲壓不倒的瘦影
穿越世紀的長巷
走向遼闊的海洋
走向星辰

我常在您的黑白攝影中
探尋一座南山
　一籬秋菊
卻驚見一宇燦爛的陽光

二、秋風如詩

敬悼顧華師

被世界放逐到
松柏廬的一間斗室裏
夜夜摸著肋骨當唸珠
複誦一連串的回憶

四十年寒窗冬陽
一萬里故園蕭條
退休時一場悲憤
拂袖之際，秋風如詩

二十一國的語言
流注於您的血脈裏
最後竟化爲生命的
二十一種嘆息

註：松柏廬，顧師晚年所寓居的老人安養中心。師通曉二十一國語文，是國內著名的語言學家，在臺大退休時因無教育部教授證書，未獲退休金。

民國七十六年秋

秀姑巒溪泛舟

日前由旅行社安排，子夜搭北迴線莒光號南下，參加秀姑巒溪泛舟活動。

夜車開開停停（其中尤其在花蓮站停得最久，近二十分鐘，一方面是調整車廂，一方面供部分繼續南行的旅客在月台排隊補票），五點五十四分才抵達花蓮縣的瑞穗鄉。下車以後，泛舟公司的人並未依約定來接，大概還在夢鄉會晤周公吧。好在天色已亮，先在街上散步一陣，吃了早餐，又折回火車站，在候車室安坐，閉目養神，補了十多分鐘的小睡。恰好泛舟公司穿著制服的人員（大概是兩位「救生員」）到來，正在東張西望，遂將我們夫婦載往公司。

此時另一對父子亦由台東坐夜車趕到，公司因為等另二位遊客由花蓮搭早車前來，先把我們四人載到北回歸線塔（華表）去參觀，順便看看沿途風景。不料一磨再磨，一直到九點五十，才分發救生衣及安全帽，並由一位大鬍子山地人講解泛舟的方式及安全注意事項。

到了秀姑巒溪，正式進入橡皮艇，大約已是十時過頭，由於是八人遊艇，公司竟派了兩名救生員隨船服務——本來的規定是每艇一人。

一路順流而下，計有激流二十三，另加巨石阻道，漩渦屢起，我們的橡皮艇衝衝撞撞，可謂百折不回。雖然說不上驚心動魄，亦經歷不少次大水澆頭和顛三倒四，如與一無形的頑童搏戲，內人一度失足入水，旋即返舟。途中親見兩艘其他的橡皮艇覆舟，傍舟上的人還大聲呼叫呢，也許因為大家知道沒有什麼危險的緣故吧。一路山石壁立，其色極白，部分已遭商人切割。中途處處山色青翠，天際白雲藹藹，太陽不太大，但四小時下來，已足夠使每個人赤紅「生色」了。有一位老先生興致勃勃，沿途還一再下水游泳哩。不過途中也有一艘坐滿阿公阿婆的遊艇，因為大家「怕怕」而請求救生員回航，我們只好慶幸自己還不算老，老得經不起風浪。

回來以後，有幾點感想和建議：

一、旅行社和泛舟公司應該更負責，答應旅客的事一定要做到，尤其應該守時。

二、宣傳還不夠，不應該只圖吸引旅客，更應讓每個要來的人有充分的心理準備。年紀大的人，有心臟病的人，似乎應該度德量力，不要貿然參加。否則中流撤退，使救生員等為難。最近因為一個孩子淹死，有關單位已禁止十二歲以下孩童泛舟，似亦應訂定上限——如七十歲或六十八歲，以免發生意外。

三、救生員訓練有素，照顧也算週到。但當日水勢不大，且有二名救生員在船上；如果換上一天水勢特別大，一位救生員是否能照料八名旅客？大有可疑。

四、沿途有一中間休息站，也許由於遊客及管理的疏忽，甚為髒亂，紙屑、果皮、罐頭、便當盒等到處都是，似應加强環境清潔，多設垃圾箱等。

五、旅行社及泛舟公司應事先建議遊客泛舟時的穿著（包括衣服、鞋子等），以便大家作周到的準備。否則穿短袖衣褲的朋友，倘若平日很少晒太陽，回去之後皮膚必定炙痛異常，脫皮一、二週。甚至變成一隻紅通通的大龍蝦。

我所認識的蘇市長

嚴格地說，我並不認識蘇南成先生，因為我既非台南、高雄市民，也不參與政治活動，至今無緣邂逅蘇先生，但是蘇市長是一位風雲人物，報紙、刊物、電視上時時都有他的報導和英姿出現，而且最近又被選為全國知名度最高的人士之一，所以我對他也有若干分「認識」——這份認識，與一些我的朋友的觀感也大同小異，茲在此一談，以資借鏡。

一、蘇市長是一位敢作敢為的地方首長：「公僕難為」已經成為大家的口頭禪之一，有些民選的地方政府首長，既不願得罪選民和議員，更不敢冒犯權貴，所以做起事來，礙手礙腳，乃至只好走上「但求無過，不求有功」一途。但是蘇市長不同，他認為對的，就敢付諸實施，不怕權勢，甚至不計後果。擔任民選市長時如此，改任特任市長後亦然。

二、講求效率：「馬上辦」、「即刻辦」對他來說，不是口號，乃是理所當然的事情，因此他當年能獲得大多數台南市民的擁護。

三、敢說話、敢獨持己見：他不是默默無言或惜語如金的那一型人，他面對群眾、面對記者，往往都能暢所欲言，而且頗有自己的主見，很少人云亦云，或閃爍其詞，支支吾吾，有時快人快語，令人一震；有時不免得罪他人，引起若干反響。

四、好大喜功：他在台南市長任內辦過一次區運，展示了他的大手筆，甚至成爲後來各主辦地區的無形典範，譬如今年的彰化縣即是一例。推展其他活動亦復如此。例如今年年底辦「萬人壁畫」及「兩千人美展」。他的魄力令人佩服，但是世間萬事，「大」不一定就是好，這一點是我們寄望蘇市長抽暇省思的。

五、喜歡作秀：好大喜功的人，多半也喜歡作秀，這是個性使然。同時由於現代社會的發展過程中，「作秀」似乎是最容易增加知名度和影響力的方式，有此癖好者殊不止一二人。我以爲適度的作秀無傷大雅，而且這可以趁機宣揚政令，與群衆溝通。但是——過猶不及。

六、偶爾會衝動：文人藝術家偶然衝動，還沒有什麼大礙；政治人物衝動，有時會誤了公事，或破壞施政效果，損傷自我形象。左營古城牆拆除後，他面對新聞界的反應和態度，今年金馬獎頒獎典禮上的拂袖而去，都是現前的實例，我們雖不願苛責（尤其後者），但蘇市長如果有心成爲一位爐火純青的政治家，似乎應該在這方面稍作自我調適的功夫。

選舉花招十四招

上次地方選舉才過去不久，年底的立委、國代、監察委員選舉又已在望了。觀察近年來國內外選戰中的各色花招，至少可以歸納為十四種：

一、銀彈法：賄選是最簡易、最「基本」的花招，也許也是最有效的。「買票」一詞，近年來已幾乎變成選舉的專用名詞了。大職位大錢買（如監委、縣市議長、副議長等），小職位小錢買（如縣市議員、鎮長、鄉長、市鎮鄉民代表等），反正銀子人人愛，民主操守不見得人人有。一家鄉下人家中六口，據說在一次選戰中收受雙方候選人賄款，高達一萬餘元。舉一反三，眞使人不寒而慄。

二、味精法：候選人向選民送味精、肥皂、毛巾等日常用品，有時假手助選員，有時更由鄰長、村長等轉致。這些「禮物」，所花不多，效果也因而不彰，但在若干落後地區，仍偶有所聞所見。

三、毆打法：把對方候選人的得力助手痛揍一頓，甚至使他腰折腿斷，無法繼續「應戰」，使對手在實質上和士氣上都大受打擊。有時更擴大到選民身上，如菲律賓便時見此種現象。本省的「打手」則尚能「適可而止」。

四、暗殺法：本省似乎尚未染上此一惡疾。菲律賓則司空見慣。如本屆菲國總統大選中，柯拉蓉的幹部及支持者便一個個的被殺，數以百計。據說以往的一次全國大選中更有上千人死亡的慘痛記錄！

五、詐死法：候選人向選民訴苦：某某黨下毒害我，或用車子撞我，或阻礙我選舉的行動等等。有的更以戲劇化的表演爭取同情。不過這一招十年前也許還有實效，現在的選民已經進步了不少，大概不容易上當了。弄得不好，還會造成反效果——賠了夫人又折兵。

六、反間法：設法挑撥同一陣營的候選人及其支持者，使他們離心，甚至自相殘殺。尤其在競爭劇烈的地區，這一招仍有奏效的可能。

七、夾殺法：兩邊對付一個，你一拳，我一腳，使對手招架不及，亂了章法。而且地方選舉往往票源有限，夾殺者配合得恰當，便可以鉗制強敵，甚至形成甕中捉鱉之勢。

八、分化法：用特殊的事件，或採取耳語、傳單方式，使選民對某一候選人的身分、操守及能力發生重大的懷疑，換言之，是徹底摧毀對方的形象。此法往往有望風披靡的效用。

九、苦肉法：向選民大呼「救援」、「我是哀兵」、「生死掙扎」等，甚至抬出棺材來競選，有的居然也能在最後關頭因而上榜。

十、搬遷法：半年前大量買動外地選民遷入戶口，以便選舉日一舉奏凱。此法耗資頗鉅，可謂「深謀遠慮」。去年年底坪林一鄉，便有上萬「游民」在事先遷入戶口，造成離奇的選景。

十一、湯圓法：甲、乙競選一個名額，實力不相上下，甲方財雄，乙方相對遜色，甲方便試著搓乙方的湯圓，暗盤交易，使乙方得財後退出選戰，甲方便不戰而勝。也有兩人以上共搓一人湯圓而造成同額競選之局面的。

十二、僞裝法：假裝某候選人的助選員，向知識程度較高的陌生選民賄選，造成惡劣的印象及「犯罪事實」，以達打擊對方的目的。

十三、流言法：散播某候選人本人或祖先不仁不義的謊言，或涉及操守，或醜化私生活，甚至半路殺出一名被棄的情婦來，弄得滿城風雨。

十四、僞證法：播放流言之不足，還有加工製造的「人證」、「物證」呢，使對手難以應付。

以上種種，都是民主癌。

愛的記錄

——論王曉民事件

二十四年以前，一個臺北二女中的學生，由於一場車禍，不幸變成了植物人，她就是王曉民。廿多年來，她的父母家人不停地照顧著她，甚至每個小時必須爲她調理一次，否則就有窒息的危險。其間也曾有一些親友鄰居及義工幫助他們，但她的父母可以說是始終如一的「守護神」。

他們的家，也爲了這個並無多少復原希望的「女孩」——不，她已是一位四十幾歲的婦人了——而瀕於破碎，她的二老，實際上已變得儼如一對高僧老尼，而且身體上也有了不少疾病。

他們原擁有一個小康之家，現在卻變成人們同情的對象！人們不止同情王曉民，更同情她的父母，——還有尊敬和感佩。他們已創造了愛的記錄！金氏世界紀錄大典應該把這個血淚的故事收進去！

每次看到電視上他們這一家的鏡頭，我都會情不自禁的流淚；每次教到卡夫卡的「變形記」——寫人與人溝通的困難、人性的自私——時，我都會對學生說：「王曉民父母的故事否定了『變形記』的主旨！」

但是人畢竟是人，人都是有限的血肉之軀。王曉民的母親趙錫念，背負了二十四年親情的十字架之後，又一次的向立法院陳情：懇求立委諸公立法允准「安樂死」，讓她的女兒死得其所，不要再忍受痛苦活下去！

因爲王曉民最近又被發現已罹患了心臟病和濕疹。

其實，這個個案早就值得我們社會作全面的探討了：

人道精神的定義到底是什麼？愛的方式只有一種嗎？

王曉民的父母是偉大的，但他們偉大的愛卻耗費在一具稍有知覺的植物人身上二十多年！

假如他們把這二十年的心力用來教養孤兒或其他需要幫助的正常人，不知多少人已領受到實質的助益！假使他們在女兒身上所耗去的物質和金錢移作社會公益，也一定頗爲可觀！但是他們不忍，不忍心棄置一個心愛的骨肉於不顧！甚至在心力無法負荷的情況下，也不願聽任其步向死亡，而要訴諸法律的救援和社會的公決，這番苦心，令人落淚之餘，不禁三嘆。

「安樂死」立法乃是勢在必行的一條路。問題是還有三大阻力：

一、社會的保守觀念，

二、生命的價值評估，

三、「安樂死」成爲法律後，可能有不肖之徒利用法律的「庇護」，做出不人道的事來。

社會的保守觀念早晚要破除，生命的價值評估更須由學者專家作客觀審愼的探討分析，以服衆人之心；最後一點，則有待細密的法律規定來預防（衛生署監督之責義無旁貸。）

在此除對王曉民父母謹致崇高的敬意外，更盼社會及有關單位儘速正視此一課題，早謀解決之策。

仁愛的化身

——王守信師母

王守信師母是一位虔誠的基督徒，屏東里港信國新村信望愛兒童之家的創辦人，也是我們敬佩的一位長者。

奇蹟般的義舉

民國四十三年開始，王師母便在高雄縣美濃鎮牧養孤兒。最初靠教會給她的七百五十元薪水，加上教友奉獻和募捐，維持十多個孤兒的生活，實在是一樁奇蹟般的義舉。

後來，由緬甸轉進來台的軍眷在土庫建村的時候，王師母向他們傳福音，並將孤兒們遷居到信國新村，一位主內兄弟知道她建立孤兒院的願望，特地把自己名下的沙石地二甲，以分期付款的方式賣給王師母。那本是一片不毛之地，但是信心克服了一切困難，開井、塡土、挖魚池……都按部就班的進行，不久便能耕植作物和養魚了。

兒童之家誕生

又有一位教友木匠，以分期付款方式建造起一棟三間的平房；並買下一條五百公尺的道路。「信望愛兒童之家」就這樣誕生了，至今已有二十三年。七十二年又建造大禮堂，開闢佔地五甲的大農場，畜養牛、羊、豬隻，並擴建了四個魚池。如今已成為南部最大的私立孤兒院，收養孤兒一百多人，二十多年來由此養育長大的孤兒，很多已成家立業，把自己奉獻給主，或在社會各個角落服務。王師母也已成為眾人口中的「老奶奶」。

忘我．無私

王師母最偉大的地方是她忘我、無私的精神。她毫不保留地奉獻自我的財物、時間、精力，一切為愛人，一切為宗教，所以她能在諸般困難中華路藍褸，開創這傑出的慈善事業。除了孤兒院，她對教友及一般人，也充滿了愛心，隨時樂意幫助別人解決困難，而自己則克勤克儉，生活得非常刻苦。

住院療養待助

王師母今年已屆八十三高齡，不幸罹患癌症，又因她一心忙於愛人助人，未能注意檢查身體，發現得較晚，以致醫生都爲之束手無策，幸而主內姊妹范卞路得家藏治癌中藥，王師母在病危之際服食其藥物，果然情況好轉，但因平日積勞，體力又衰，至今未能痊癒，仍住院（高雄長庚醫院）療養中，因此王師母本人及「兒童之家」均亟須教友及有心人士接濟，但願大家能深切感受她平日的仁愛精神，予以回饋，使她在人世間再創奇蹟！

奇異的人

我在現代社會中看到一些奇異的人，試著爲他們作一個速寫：

在股票市場大談仁義道德的人：他們也許應該改行作喜劇演員。

一面打狗、罵狗一面大啖狗肉的人：他們缺乏一面明淨的鏡子。

全身赤裸、穿了一雙精美的雨靴在狂風暴雨中奔走的人：他們不是狂人，也不是瘋子。

戴著耳機在街上散步的人：他們旁若無人，也旁若無神。

一面喝豆漿一面找尋假牙的人：他們大概什麼也追求不到。

叫火車中途爲他停車的人：大力士？或「特效藥」？

每天換一種面霜的人：太要面子，以致沒有了標誌。

愛看政治新聞的出家人：矛盾的統一。

節省布料而大量浪費顏料的人：很好看的醜陋！

把一具無形的棺材罩在身上的人：我欲無言矣。

騎一輛破單車四海遨遊的人：比上（列子）不足，比下（愚公）有餘。

跟自己的影子打乒乓球的人：乒乒乓乓，永無寧日，最後很可能失去影子和回聲。

在深山中席開百桌的人：下屆國會議員榜首。

在身體上開畫展的人：使畢加索掩面而逃。

把支票簿和存款簿懸掛在脖子上的人：他們向世人宣示，十字架絕不只限於一種模式。

每天在家裏用心數美鈔、恨不得越數越多的人：他們是另一種灌溉專家，可惜往往徒勞無功。

在廚房裏做愛的人：他們飢不「擇」食，卻印證了「食色性也，一以貫之」的千古至理。

在狄斯可舞廳吹簫的人：只有他們才眞正體會了中西合璧的境界。

把黑板揹在背上雲遊四海的人：他們是孔夫子的忠實信徒，可惜有點不合時宜。

喝酒的時候總是懷念古聖先賢的人：他們自己也是「今之古人」！

爲五千年文化毅然背起黑鍋的人：他們是最標準的悲劇英雄。

擁抱大地而酣臥的人：他們是詩人筆下的羲皇上人，可惜今已罕見。

爲了補一間屋而拆掉一座橋的人：他們是心中只有自我的「破屋」。

爲了殺一隻雞而敲鼓鳴鑼的人：等到他們暗中做殺人勾當時，很可能就無聲無臭了。

在暗夜中製造星星的人：那怕是閉門造車，也值得大家喝采。

爲了妻子賣掉車子的人：理由雖不確知，値得社會學家關懷。

春寒

他早晨五點便提前起床了，坐下來，打開檯燈，悉心地寫一篇叫做「春寒」的中篇小說。

他寫得很慢很慢很慢。

也許因爲「春寒」中淒風苦雨的情調，檯橙承受不了，突然，啪的一聲，它爆碎了。

手術之後

八十二年四月十九日下午兩點，三軍總醫院的一位「班長」來到我的病房，把我載上輪椅，帶了我的點滴瓶，直奔三樓的手術室。

中間有等待、瞻望、與開刀房護士的交談：「會緊張嗎？」「沒甚麼。」「你眞勇敢！」

然後是全身麻醉，一無所知。

醒來，我好像一個產後的婦人，空茫地仰視天花板。

這時，出乎意料地，身心都覺得十分的舒暢，彷彿超越了些甚麼，裏裏外外都一無牽掛。

這樣的心情保持了大約五、六分鐘光景，一直到妻子得著通知，由外邊匆忙走進來，走近我的身邊……

傘

傘是一朵蕈子，可觀而不可嚼，可以隨時撐開，像自由舒展的雲，也可以任意合攏——合攏時像一個不起眼的瘦子。

清晨六點左右，遠眺後窗河堤上，一位撐著淺藍色小傘的少女，在微雨濛濛中緩步而前，是一幅無與倫比的美麗圖畫，這時，連懨懨的一片遠山，也都給烘襯得很有精神了。

可惜這樣的美景可遇而不可求。一年之中，見到一兩次便是莫大的福份。

傘的神髓在寬敞而淒清。有一點像禪，也有一些子似夢境。

撐傘的女子硬是比平時美，女人撐傘，十個裏有九個比男人撐傘好看。有的女孩子撐了傘，煙視媚行，簡直比看天鵝湖的芭蕾舞還悅目賞心。

只有身材粗得像汽油桶的女人撐傘，才會造成滑稽的畫面。

男人而喜歡在大太陽天撐一把遮陽黑傘的，有三分像是古板的公務員，七分像神秘客。電影裏的間諜，也常帶一把大黑傘，跟他們鼻上的墨鏡相映成趣。——這也是一種意象主義吧。

有一種苗條灑逸的女孩，打起花洋傘來，就像天女散花，令人興起飄飄欲仙之感。我有一位好友，專喜大熱天上街「觀光」——欣賞女士們撐遮陽傘翩翩漫步的風姿，多年來他老兄樂此不疲，每次弄得「香」汗淋漓而歸，不知老之將至。

這是傘的魅力？還是女性的魅力？分不開，也用不著細細分辨。

我對文學作品中的傘，也有一種特殊的敏感。張建詩：「雨昏山店望未見，風緊傘檐張不開。」桃花扇逮社：「坐轎雜持傘扇。」南史王縉傳：「以笠傘覆面。」紅樓夢五十回：「遠遠見賈母……打著青綢油傘。」光景各異，而白蛇傳中白蛇與公子共傘，更增旖旎之思。

記憶中，霍桑有一篇著名的短篇小說「胖先生」。這位胖先生在作者心目中，是一個神秘人物。因為背景是雨天，我一直以為那位胖先生出現的時候撐著一把大傘。為了求證，特地查了原書，結果大失所望：他只穿了一件黃褐色的開叉大衣。文中的一些小配角，倒是撐了傘的：「行人都把衣裳揭起半腿高，撐著淋漓的雨傘，謹慎地走到禮拜堂去。」「那車子的廂外旅客塞得滿滿的，都伏在布傘底下，擠成一團……」難怪我要「張冠李戴」了。

最美的傘是色淡而身子玲瓏的，最有音樂效果的，是美濃油紙傘——雨夜聽之，勝於荷葉、梧桐葉上的雨聲。最煞風景的傘，是半失效的彈簧傘——要它打開時像牛皮糖，不要它張開時偏偏張牙舞爪，不肯雌伏。

聯考得失平議

大學聯考（最初叫大專聯考）實施至今，已有三十三年的歷史，本人曾是第二屆聯考的考生，也曾擔任聯考閱卷委員四十次以上（含夜間部聯考），對於因聯考分發而入學的大學生，更有二十三年的教學經驗，因此對於此一問題，可說十分熟悉。

多少年來，社會若干人士都在呼籲，聯考是一個要不得的制度，應該予以廢除。個人期期以為不可。

因為聯考制度自有其優點：

一、公平：以往若干私立大專院校在招生考試時曾有若干弊端，防不勝防，教育部人手有限，焉能一一監督得毫無漏洞？即使是公立學校，也有一部分會受到人情的干擾。至於部分洩漏考題等現象，更可說是「在所難免」。直到聯考制度確立後，這些積弊乃一掃而空。

二、節省考生時間、金錢、體力：台灣是一個教育相當發達的地區，如果各校單獨招生，除了成績極優秀、信心極強的少數考生外，每人至少要報考五、六所學校以上，在溽暑期間，南來北往，勢必疲於奔命，甚至無力應付。如今集中於一兩次（如把專科聯考、軍校聯考加入，最多也不過四、五次），而其機會卻達於飽和的邊緣。其實聯考制度並非我國所獨有，只是我們的規模較大罷了。（文，如各校分別招生，尚會發生大量缺額問題。）

三、集思廣益，考試方式及內容較爲合理中庸：有人說大學聯考帶領中學教育，當然不無道理，但是當今之世，學歷既然那麼重要，任何考試都不免有此「副作用」，那怕取消了聯考，這方面也難免是換湯不換藥。相對地說：因爲聯考的參與人員乃全面性的，正足集思廣益，精益求精，不斷改善命題方式及內涵，庶使以最合理、中庸的考題測驗學子的實力，以決定取捨。如此，即使聯考的內容仍能對中學教育發生左右的力量，這種力量至少不會是負面價值的。

至於它的缺點，歸納一般人的想法與說法，不外以下二點：

一、一（兩）考定終生：這話其實似是而非。固然，如果考生在考試時身體不健康，臨時失常，會直接影響到考試的成績，但是畢竟還有夜間部聯考（男生須服過兵役）及專科學校聯考；即使稍稍降低分數，考入二、三流的學校或未錄取，一年後仍可重考或轉學（台大即有不少優秀學生是由他校轉學入學的），最多耽誤一年（沒有聯考，也不能保證不發生這種情形）。

二、未能顧及考生的實際興趣：這一問題，似較嚴重，但自從四年前教育部革新聯考制度後，已改採先考試後塡志願的方式，對大部分考生來說，已較能選取自己有興趣的系科。如果說還有未盡人意的地方，其原因有二：一、先天的抉擇性：優勝劣敗，名額有限，成績低的考生，當然無法完全順心的選擇科系，二、有些考生一味選校（所謂熱門學校）不選系，甚至在最初選組的時候就不顧自己的性向，趕時髦或聽任家長安排，其責任不應諉諸聯考制度！

總之，大學聯考制度的技術問題尙有待不斷改進，但至少在現階段的教育環境中，貿然廢止它不免是因噎廢食之舉。高中聯考、五專聯考亦然。

計程車十弊

最近計程車費率大調整後，由於部分消費者心存不滿，以及部分計程車尚未換裝新錶，因此糾紛時起。乘此時機討論一下計程車的有關問題，當有其特殊意義。

一、計費不誠實：以往的計程車錶，至少有四分之一左右，是有問題或被動過手腳的，因此，它會發生以下兩種現象：⑴超高收費：別的車錶跳五下，他的車錶可能跳六下，這就等於自動漲價五分之一了。⑵在車子停下來的一刹那，又加跳一次，多收六元。希望換裝新錶後，此一弊端能徹底根絕，否則問題會因計費方式的多元化而更形複雜。

二、車子內部不潔淨，乘客坐下去會把衣服都沾污了。有的車座很不舒服，一兩根彈簧硬梆梆地凸出來，乘客雖不至如坐針氈，也是很不好受。如果一捱幾十分鐘，下車以後，臀部、背部都會隱隱作痛。現在車費調整了，這方面希望也能好好改進。

三、故意繞遠路走：司機有心欺負對道路陌生的乘客；有時乘客忘了交代詳細路線，他們也就裝傻，胡開亂走，以便多賺車資。乘客及時抗議，有時還會遭到對方不講理的駁斥，弄得賓主失歡，甚至引起衝突。以後有低速加計乘費的規定，部分不肖司機是否又會在這個關鍵上「大做文章」，實在讓人擔心。

四、態度傲慢：有一次我與另一乘客共乘一輛計程車，司機在啓程之後，居然用教訓的口吻說：「你們本來不是一夥的，共乘我的車，應該先徵求我的同意。要知道：車子是我的！」於是下車時悍然各加成收費。

五、拒開冷氣：冷氣車在目前已是十分普遍的了，但是竟然有少數司機拒絕開放冷氣。有一次我便遇到這樣一個無理可喻的司機。我上車時汗流浹背，請他打開冷氣，他說：「我不覺得熱。車子是我的，開不開冷氣要由我決定！」隨著加快速度開行，我再度抗議無效，乃付給他車資後提前下車。

六、亂發牢騷：有的計程車司機對現實頗爲不滿，或承受生活壓力太重，於是在開車時對乘客大發牢騷，不休不止，乘客聽又不是，不聽也不行。本來想在行車時間內休息休息的，此時只好徒呼奈何了！

七、大聲播放流行歌曲或其他音樂：只顧司機自己「享受」，完全不管乘客的感受。有時乘客只好掩耳以求「自保」。

八、開快車、急煞車：有的計程車司機簡直是拚命三郎再世，一上路便猛衝猛馳，勇氣驚人，完全不顧交通安全，超車技倆似乎也特別「高明」，有時不得不急煞車以免撞到對面的來車或行人，弄得乘客提心吊膽，驚喘不已，如果有心臟病宿疾的，坐這種車恐怕很危險。

九、收費時不肯找零，有時還理直氣壯呢。

十、要求額外加價，否則便動粗或揍人：這已經構成犯法行爲。

至於其他不法行徑，如搶劫乘客錢財及飾物、强暴女乘客（據說甚至七十多歲的老太太都有遭此不幸者！）、以兇器毆打乘客、以惡語詈罵乘客等，也都是不時見報的「舊聞」。

希望計程車司機同仁們能乘此車資調整之際，共同自律自清，提昇服務品質，切實改善與顧客的關係，交通單位也能善盡督導之責，這樣，社會才會更和諧、更安寧！

最後，我們也不會忘記：仍然有不少優秀的計程車司機，天天在街頭以親切的態度爲我們服務。希望大家能向他們看齊！

公保門診中心

台北市的公保門診中心，最初設立在南陽街，後來鑒於應診人日益增多，原中心過於狹隘，乃在公園路現址重新興建公保大樓，三年前又整修、擴充一次，以容納眷保開辦後所增加的應診者，現在經常應診的醫師已達千人左右，而且夜間也有醫師應診，可說是克盡便民的職責。

但是台北市及其附近地區（有人還從新竹專程趕來應診呢）的公教人員（包含私校教員）及其配偶（將來還要包容其他眷屬）畢竟人數太多，而門診中心的人力、物力仍屬有限，故在肯定其優點及努力之餘，也要談一談它的缺失及可能的改進途徑。

在優點方面，至少有三：

一、位於台北市中心地區，交通四通八達，無遠弗屆，到此診病的公務人員夫婦，百分之九十以上的人，都可以不必轉車即能抵達。

二、時間長：由早上八點半開始掛號，一直到晚上八點半，雖非二十四小時服務，亦有十三小時左右。任何忙人，都可以抽空來診病、領藥。其手術室設備亦夠水準，約定時間進行手術，一次即可解決，不像一般公立醫院那樣費時費事。

三、醫師水準普遍很高，有許多位更是一流的名醫。其他工作人員效率亦頗高，尤其護士小姐的態度，都是和藹親切。

缺點亦有三：

一、少數醫師遲到太久：此一現象，尤其在上午診療時間更爲顯著，其中原因有四：第一、耍大牌，第二、交通壅塞，第三、起床較晚，第四、早晨另有私人工作（如手術等）。其中第二個因素尚可諒解。因此，我以爲各位醫師如在九點十分前抵達，便不算遲到：否則如一再遲延，中心方面應予禮貌規勸，以免衆多病人在擁擠的候診室苦候。還有部分大醫院醫生不肯在中心爲病人施行手術，亦應酌情改善。

二、有些掛號窗口應增闢：有的窗口八點半以前即排了一百人左右等待掛號，實在太擁擠了！應作切實調查統計後隨時予以調整，同科各醫亦宜分散於不同窗口掛號。同時部分候診室（如眼科）亦嫌狹窄，往往容不下所有候診的病人，有的應診者只好站著等候，實在有點不人道。

三、對郊區居民，公保中心仍嫌稍遠：將來眷保擴充，現在的門診中心勢必不夠用，最好在台北市南區、北區各設一中心，分擔醫療工作，且更方便遠道的公教人員。

這三點如果都能改善，台北的公教人員必將額手稱慶！

上次寫同一課題，缺點列舉出五個，十多年來，顯然門診中心進步了不少，希望它精益求精！

談五行

五行是宇宙間五種要素──金、木、水、火、土。

五行之說，由來已久，可說是中國傳統文化的一部分，其中有眞理，也有迷信。

五行學說最重要的有兩部分：

一爲五行相生說：即木生火、火生土、土生金、金生水、水生木。除了金生水一目較爲神秘外，其他都順理成章。

一爲五行相剋說：即水剋火、火剋金、金剋木、木剋土、土剋水。所謂木剋土，是指木由土中萌生，破土而出。

五行在姓名中，似乎也大有講究。算命的人常說此子缺水或缺火，有些父母便據以命名。民間亦不時以此作話題，供人酒後茶餘一笑。

現在，我想由正面討論。一個現代國家的政治事務，五行應指以下各項措施：

金：穩定金融，減少外債，流通資本，探勘礦源及適度開採，注意礦場安全。

木：注意森林保育，禁止濫墾濫砍，講究都市綠化，普及木材工業。

水：注意水利興修，農田灌漑適如其份，充分開發及利用各大河川、湖泊的水力，注重都市排水系統，預防水源污染，提昇自來水品質。

火：注意都市及山林防火措施，家家應有滅火器，而且人人會使用，注重瓦斯及其他液化燃料的品質、使用與管制。

土：厚生利用，土地爲根本。如何地盡其利？耕作設備的改善，人力的節制及發揮，適度的輪植及休耕，肥料的配售及合理及時的農貸，均不可掉以輕心。

一百歲

「人生七十古來稀。」一百歲對於絕大多數的人數來說，都是一種奢望。那怕世間有一百八十多歲人瑞存在過，也不能改變這一事實。

不過，人的身體秉賦各異，再加後天環境及遭遇的歧異，人壽幾何永遠是一個參不破的謎。莊子說百歲是上壽，左傳僖公三十二年上有「中壽」一目，卻也被注為百歲（上壽為一百二十歲），連下壽也得八十歲呢。可見古人對這個問題，不免眾說紛紜——另一種說法是百歲以上叫上壽。

百歲難得，名人而享壽一百，更是難中之難了。

中國歷史上的名人中，不算上古傳說中人，我所知道的百歲人瑞，只有三位：一遠二近。

西漢丞相張蒼，由秦朝做御史到降漢定三秦，封侯升官，大為顯赫，他活到一百歲以上，晚年牙齒全脫落了，飲食不便，家人特地為他雇了一個奶媽，以新鮮人奶餵他。他雖然不是第一流的政治家，也總算能守正不失。

近代人物中，有不少八、九十歲的壽翁，但是眞正活到一百歲的，只有兩位：一為馬相伯——原名志德，改名良，是一位神學家、數學家、教育家，做過復旦公學及北京大學校長，而且還數度從政，他生於一八四〇年，正趕上如火如荼的鴉片戰爭，死於一九三九年十一月四日，恰好是我誕生前一個月又十一天。他的百歲是虛齡，如果按西方人實足歲數計算，只有九十九歲又七個月。還有虛雲大師，活了一百二十歲。

另外一位名人，迄今仍然在世，那就是前行政院長暨總統府秘書長張群，他在前年就渡過百年壽辰，其實按實足計算，該是今年才滿百齡（一八八九—一九八九），看來還可以多活好多年。

前政大校長陳大齊、前行政院長何應欽，分別在九十六、九十八歲時逝世，功虧一簣，毛子水先生九十五歲過世，也「未竟全功」。現在有資格「競逐」百歲老人的，首推今年已九十八歲的攝影家郎靜山大師，他前年曾遭危險的車禍，竟也毫髮無傷，身輕體健，看來「奪魁」有望。

此外如俞大維、錢穆、蔣宋美齡、黃君璧、蘇雪林等，均已九十多歲，如果沒有意外，都可以「闖關」。

不過，話又要說回來了，如果老而無德，徒然被人罵作老賊，那就是活得再久也沒有意思！還不如早作逍遙之遊吧。

古人當中如聖女貞德、王勃、李賀、雪萊、濟慈等，都不過十幾、二十幾歲（雪萊恰好三十歲），宋教仁也沒有活滿三十一歲，但他們的功績及聲名卻永垂不朽。這樣說來，平平凡凡的活一百歲也沒有什麼稀奇了！

電影電視的字幕

電影銀幕和電視螢光幕上的中文字幕，大致有三個功效：

一、作爲旁白。

二、是外語、方言或外文的翻譯。

三、輔助聽覺之不足，或專供聾子以目代耳。

所以大家早已習慣把中文字幕當作電影及電視的一部分，目前就連國片，百分之九十以上也帶有中文字幕。

但是天下事有得必有失，字幕也不例外。據我多年來的觀察，一般中文字幕上，至少有四大錯誤或疏失：

一、錯別字多若牛毛。

二、誤寫同音字詞，或相近音調的字眼。

三、句子文法不通，或不合邏輯。

四、標點有錯誤。

現在試分項舉例說明：

一、錯別字：有時我不禁面對銀幕或螢光幕（尤其後者）浩歎三聲：這簡直是錯別字大集合嘛！不知多少中小學生在此受到中文的「反教育」！

譬如「辦」、「辨」不分，「分」、「份」誤用，「清」、「輕」混淆，「權利」、「權力」不辨，不勝枚舉。韓國在威尼斯影展中獲得大獎的名片「燕山君」，在國內上映時的中文字幕，便予人慘不忍睹之感，其中「無所事事」打成「無所適事」，「榮兒」誤作「融兒」（有少數兩三次是對的），「鍾愛」寫成「鐘愛」，「盡是」寫作「竟是」，「命相」打為「命象」，「詔」、「召」不分……

二、誤寫相近音調的字詞：同片的字幕中還有「凌遲」作「凌時」、「證據」作「證跡」（編譯字幕的人中文程度也未免太差了！）「聲色犬馬」作「聲色權碼」（匪夷所思！）、「畢竟」作「必盡」、「倫常」竟打成「論常」、「詔曰」作「昭曰」……看得人眼花撩亂，心驚膽戰。另一部國語片「殺出銅鑼灣」裏，「迭起」作「叠起」，「老謀深算」作「老謀心算」；電視影片「追狗記」中，有一處竟把「寶藏」寫成「保障」，令人啼笑皆非！

三、文法或邏輯不通：電視播演的歌曲中，常有這一類錯誤，如蔡幸娟主唱的「把那切切的思念，寄往星光的弗遠」，「弗遠」二字令人百思不得其解，後來我終於想通了，大概是「無遠弗屆」的「簡稱」吧？眞是「神來之筆」！還有「一顆學習的心情」，也是不合邏輯的，只能說「一顆……的心」，或「一份（腔）……的心情」。有一位著名的電視體育記者愛說「得分在××」或「分數在××」（××爲數字），十幾年都未改正！使人不勝詫異。還有一些來賓喜歡說「我是一位忠實讀者之一」。這一類的話，叠床架屋，字幕上不應照錄，而宜加以「修剪」。有些官員的發言中，照例有「這個」「那個」「就是說」等贅語，字幕依樣畫葫蘆，便是工作人員失職，應該適度删除，否則青少年觀衆會誤以爲那是行文說話的正軌了！

至於標點中「：」「；」不分，「！」「？」混用，也是字幕上常見的錯誤。

希望有關業界能聘用高水準的字幕編譯員，以造福廣大觀衆。

國中生留校

最近教育部公布了一個國中生留校延長教學的新辦法：大意是國中生自一年級開始，如果學校師長在教學上有困難，得延長教學一小時，自由參加，每學期酌收七百二十元。

我不太了解，教育部的官員們在一種什麼樣的心態下，擬訂了這樣的辦法，網開一面，爲惡性補習推波助瀾？

他們一定是受了很大很大的壓力！

首先，我們來客觀地分析一下這項「新規定」：

一、什麼叫教學有困難？請問天下那種教學是沒有困難的？國小、大學的教學難道沒有困難？難道說，將來教育部也要規定小學、大學得延長教學一小時？這實在是近乎荒謬的想法和說法！當然，表面上是漂亮的「官樣文章」！

二、什麼叫「自由參加」？自由參加就是有不參加的權利？對不對？據我知道：規定是規定，實踐起來，恐怕沒有那麼簡單！對於某些學校來說，所謂「學生自由參加」，恐怕只是笑話一句！教育部的官員們也許只是閉門造車，大作其「兩全其美」的好夢——因爲，的確有不少夫妻都上班的家長希望孩子在學校多待一些時間，免得放學後到處亂跑等等。可是，官員們就沒有想到：中華民國的中小學生，哪有那麼多的「自由」呀！除非家長不顧後果地向學校爭論，能夠「倖免」的實在太少！以往教育部沒有正式允准，都已經有不少學校在暗中留學生補習或「自修」了，現在正式訂出辦法來，還會容許學生「自由參加」嗎？眞奇怪呀，教育部諸公難道都沒有子女在上國中嗎？

三、每學期交七百二十元，在今天這個年頭，實在可說是微乎其微，「出不起」的家長也一定極少，所以大家未必捨不得繳這筆「留校費」。問題是：七百二十元，扣除兩三成的行政費（天曉得！說破了這也只是一種學校的陋規），所餘尙有幾許？假設每週五次（規定如此，其實說是「最多五天」，恐怕也是白說），各留一小時，每班由三四位老師輪流負責督導或補習，請問每人能分得多少？在這種情況下，眞能解決「教學上的困難」嗎？眞能有幾分積極的成效嗎？除了少數特別負責認眞的老師外，恐怕都不免抱著敷衍的態度，甚至埋怨不已！要不然，就是額外收費。請問：教育部或教育局，有什麼錦囊妙計，可以遏止或制裁「違規超收」及「違規超時」的延長教學嗎？

以前，沒有正式規定，已經有不少學校留學生晚放學了，如今規定了可留到五點半，表面上是化暗爲明，其實其最可能的後果是：學校視「必要情形」延到六點或六點半！中國社會就是這樣：「陽奉陰違」外加「變本加厲」！教育官員們總不能說連這個「道理」都不懂吧！

一言以蔽之，當今中學惡性補習正有日益高漲的趨勢，教育部此一規定，無異抱薪救火！茲鄭重建議：

一、立即取消此一規定。
二、如有實際上的困難，可延至本學期結束，再取消此一辦法。
無論如何，讓可憐的孩子們多享一兩年比較輕鬆自在的日子吧！

也談國科會研究獎助

日前報載：幾位國內的人文及社會科學教授，對國科會的研究獎助提出質疑及批評，尤其對於「成果獎助」一項的公正性及學術價值，表示懷疑。

那幾位先生都是學術界有名望的同仁，他們的態度和出發點都是值得尊重的，但是對於他們的觀點，鄙見不盡相同，所以願在此一抒己見。

他們批評的重點有二：

一、審查欠缺客觀性。

二、成果獎助易流於趕寫、草率完成。

因此他們似乎比較重視先提研究計畫再逐次完成論文的方式。

他們的看法自然有相當的事實依據。

據我客觀分析，二種方式各有其利弊：

研究計畫方式的好處，在於一切按部就班，避免臨時找題目趕寫。

成果獎助方式的好處，則在作者不受事前的侷限。譬如一位學者在一年內寫了三篇論文，在撰寫之前，他並沒有先期的把握，能預知那一篇是最精采、最有創見的，完成之後，才能作一自我評估，挑出自己比較滿意的一篇或兩篇，向國科會（或其他學術機構）申請獎助，這樣對於他自己、國科會、學術界，都是最理想的途徑。

研究計畫方式的缺點是，有的人儘管能擬出出色漂亮的計畫，卻未必能寫出眞正有分量的論文來，而且一年或兩年的受獎助期內，事實上國科會也無法有效地「督導」他努力不懈地把研究計畫付諸實現，他依然可以到最後關頭趕寫論文或報告。猶憶十多年前，國科會尚無成果獎助辦法，不少人就以虎頭蛇尾的方式獲得獎助的，那怕要交所謂的「期中報告」，也不免流於形式化。何況，國科會又不能規定每個月交一章！此外，如果說成果獎助的審查不夠客觀、公平，研究計畫的審查要公平更不容易了！因爲「成果」好歹不說，畢竟是已完成的論文，只要審查人有心，總還可以看出個高下來；研究計畫（尤其是人文科學的）很可能是「虛有其表」——一種抽象或半抽象的梗概，如何眞能保證以後寫出水準以上的論文來？計畫擬就，實際進行研究的時候遇到不可克服的困難，又該如何？如果已獲獎助，有多少人甘心就此放棄？

成果獎助的缺點就是趕寫和心血來潮式的湊數，但這大致是可以防範的。

依據以上的觀察，茲向國科會建議：

一、維持現行辦法，但審查要力求嚴謹、公平。太忙碌的專家學者，最好不再偏勞他們擔任審查工作。

二、可考慮規定申請成果獎助之著作必須爲已發表或出版者，以免臨時趕寫之弊。但作此新規定之前，應有一年或半年以上的緩衝期。

三、落選論著中成績較優者，可另請專家再行複審一次，以免有遺珠之憾。

四、仿效教育部將升等論著送往中央圖書館公開陳列的辦法，把受獎助之著作公開展示，一則供廣大學界參考，一則維持公信力。

五、如發現（或經具體的檢舉）有抄襲情事，不僅追回獎助費，且以後永不接受其申請。

由每年國科會的成果獎助論著及其提要中，我曾獲得不少額外的知識，有時經由某些提要的指引，還可作一進步的探究；客觀地說，那些成品中確亦不乏優良、篤實之作，所以成果獎助的成效是不容一概抹煞的。任何獎的評審都會引起爭論，這應該只是實施時的技術問題，而非一制度的存廢問題。不知諸君以爲然否？

敬悼金祥恒先生

世道艱險，世風日下，謙謙君子，益發罕見，近年來偶有所識，彌覺珍貴。而前輩楷模，尤令我心嚮往之。

我認識金祥恒教授，已有二十三年的歷史。那時我剛在台大中文系任教一年，學期末的本系同仁聚宴中，第一次見到金先生。在台北西門鬧區的會賓樓七樓，金先生看來像一位三十四五的中年學者，個子矮小，面容清瘦，神采奕奕，當時我還以為他是比我高幾屆的學長呢。他沉默寡言，態度和藹，使我留下很深刻的印象。事後才知他是本系資深的教授之一，年已四十七八。

後來我們雖然很少有接觸的機會，但是每次在校園中邂逅，總是彼此點頭，或寒暄幾句。有一年我們同時應邀擔任台大同學的演講比賽評審，共事一個漫長的下午，才算有機會交談好幾句，也才知道他是浙江海寧人，算起來和我是大同鄉。他的國語也帶有很濃厚的家鄉音。

民國五十九年秋天，當時的台大中文系主任屈萬里先生應聘赴南洋大學任教，遂商請金先生代他擔任中文系所主任。金先生雖然是一位木訥的純學者，並不適合擔任行政工作，但他視屈先生為前輩，所以不願婉拒，便毅然肩負起這一重擔來。好在他曾在民國三十六至四十一二年間，擔任過系助教，對系中情況頗為熟悉，代理系務，理應阻力較少。

他在上任之後，對同仁特別客氣，平時如此，開會時如此，遇到特別的事情時更是如此。譬如那一年法律系醞釀改爲五年制，遂在大一加開「國文閱讀及寫作指導」一課，上下學期各三學分，商請本系支援，我和金先生雖乏私交，他卻因爲知道我課餘從事寫作，已有十多年經驗，故特地安排我教這門功課。十月間，系中需要寫一篇有關時事的文字，金先生竟然親自搭車到我木柵溝子口的寓所，拜託我執筆撰稿，我覺得很不敢當，當下滿口答應，然後以一二天的時間把它完成，送到系辦公室去交卷。像他這樣的前輩，這樣一樁小事，本來就可以讓助教轉告我，或在我上課的時候通知我，但他偏不如此，足見其前輩風範。今人對此，寧不有愧？金先生的學術成就，因爲跟我的專長非屬同行，不敢贊一詞。但是他在小學界的聲望之隆，並不因他一貫的恬淡謙沖而稍減。四十多年來，他始終堅守岡位，從事小學——尤其甲骨文字——的研究與教學，他所手撰的「續甲骨文編」，是治理甲骨文必備之書，共五十萬餘字，經由先生精鑒，並且親手摹寫，前後歷時十年之久，董作賓先生曾讚歎爲「修萬里長城」的鉅著。又摹寫匋文拓本二十多種，整理成「匋文編」，主編「中國文字」五十二期，也享譽海內外。其他有關論文近百篇，多有創見。

先生在台大及輔大先後開授文字學、說文研究、甲骨學，桃李滿天下（他的最後一位入室弟子是韓國人，剛考上台大中文所博士班）。本年因年滿七十，已在台大辦妥退休手續，不料七月一日清晨，一輛飛馳的計程車在台大側門前奪走了他的生命，使他提前自人生的殿堂中退休。唉！

（金先生喪禮已定於七月十七日下午在台北第二殯儀館舉行。）

發　榜

考季有三樁大事：赴考、閱卷、發榜。

第一樁事是考生和家長的事。近十多年來，陪考風氣大盛，一人考，全家「烤」，我已有專文敍述，在此按下不表。

閱卷是教師的事，也很「熱鬧」，幸有冷氣助陣，稍得清涼。

發榜有些像開獎，是試務人員的事，但有時也得勞駕教師。

考試院的高考普考特考，是全國性的用人儲材考試，發榜時最爲莊嚴慎重，照例由院長或典試委員長硃筆圈點之後，才正式張榜公告。有些考生，大半由於性急，小半出於好奇，準時前往溝子口考試院前佇候，以便躬逢其盛。

台大中文研究所的博士班入學考試，近年來循例在六月中下旬舉行。筆試科目由中國文學史與中國文學批評史中任選一科，另由中國思想史、中國經學史、中國語音學史中任選二科，緊鑼密鼓，一天之內考畢三科。再過兩三天，便是口試之期。口試分兩組，本地生組每人約八十分鐘，外籍生組每人約五十分鐘。

全部口試完成後，間隔一日，即行公開計分、發榜。

今年六月二十七日下午三時，中文所所長黃啓方先生約同七位口試委員及助教三名、一位職員，一起參與計分及榜示工作，地點選在文學院的會議室——那兒不但有冷氣設備，而且可以容納五六十個人以上。考生及其親友可以自由旁觀。

三點正，諸口試委員及工作人員即正襟危坐，進行計分，考生亦陸續入室，在一旁座位上靜坐以觀，倒有點像什麼比賽（珠算比賽吧）的觀眾。有的還帶了一本書，展卷默讀。

先分兩桌，分別計算二十七名本地生的口試成績。由一位資深的口試委員將剛剛拆封的口試成績一一誦出，再由另二位委員複檢，一位助教立即以電子計算機加在一起。七位委員的成績再除以七，即爲實得分。另外，論文及研究計劃也有一個平均分。如果考生的論文指導教授也是口試委員之一，照例不參加該生的評分，則累計六人成績除以六。

二十分鐘後，兩組的審查分數及口試分數均已算畢。接著由助教輪流誦出各生各科的筆試成績——亦由原來密封的試卷上直接唸出。由二位口試委員監看，另一位助教記錄在黑板上的大榜單上。此時各生均用號碼代替。

錄畢筆試成績，再錄口試及審查成績，外籍生組此二項成績因係由三位口試委員共同議定，所以省了一道手續。

這項計分工作，花費了近兩小時，才以加法、乘法（筆試佔百分之四十）算出最後答案來。分數算到小數點二位，至爲精密。

然後由所長宣佈榜單揭曉。助教立即當衆註明本地生前五名的姓名，及外籍生前二名的大名。全部發榜工作遂告一段落。此時圍觀的學生已近五十人矣。你可以在他們臉上看到各種不同的表情。

這樣公開、公正的發榜，實在是五、六十年代夢想不到的！足見時代的進步，在社會的每一個角落展現。

賄選絕跡萬歲

每逢選舉——不論初選、決選，街頭便熱鬧起來，某些家庭中的氣溫也突然增漲，銀行裏的人口密度也加大了，大家都很忙碌，新台幣也格外殷勤，這些，當然是十分正常的，跟賄選絕對無關。

有些稀有物質——譬如高級味精、特製香皀，突然搖身一變，變得非常流行，像熱門歌曲似的，到處飄流，想來是上蒼有好生之德，要讓老百姓營養更豐富，胃口更好，皮膚更潔白，身體更芬芳吧。這當然不是什麼賄選！

有些人把天賜的禮物當作賄賂，簡直是落伍透頂的大笨蛋。

選舉前夕，餐廳、飯店特別忙碌，主要原因是選民都很饑餓，需要努力加餐，所以老天特備大餐、流水席，以供應吾民生理及心理上的急迫需求！

這跟賄選，八竿子打不到一起去！

有些人——譬如榮民弟兄等，平日爲國辛勞，選舉日怎麼忍心讓他們徒步行軍，趕去投票？三五百元的「車馬費」當然是天經地義的。因爲選舉是每個人的權利呀！

這那裏是賄選！

里鄰長們平時辛苦，選舉時更百倍辛苦，即使得一點額外的「薪水」，也是合「情」合「理」的嘛，對不對？

至於拿錢換（不，是租借）人家的身分證或黨證，這，這好像也是很公平的交易行爲嘛，您何必大驚小怪！

賄選？沒證據！

什麼叫賄選？

如果候選人親自把一千或一萬的大鈔放在漂亮的紅封套裏，送上門來，封套正面用顏體寫著「賄款」兩個大字的，這就叫賄選；各位請注意，如果您遇到這種情形，便得當機立斷，請您的家人在一秒鐘之內（千萬不可失之交臂）把這個歷史的鏡頭拍攝下來，然後向有關衙門舉發，這樣一來，您不但可以獲得十萬、二十萬（也許更多）的獎金，還替我們社會做了一樁功德無量的大事！

關於賄選

民主政治的運作中，選舉是一件極重要的事情。選舉風氣的良窳，直接關乎法治社會的成敗。因此，不論用送錢或致贈禮物的方式「吸引」選民，使他們投票給某一特定候選人，都是民主的蠹蟲。

賄選的風氣，當然不僅國內才有，美國的一部分選舉（如二十多年前甘迺迪對尼克森的總統選戰中）以及日本的大部份選舉（所謂「金權政治」），賄選實爲其中的一大項目）中，都曾出現或多或少的賄選行爲。但我們不能因爲如此，便自暴自棄地說：「別的民主先進國家都不能免疫，我們又何必大驚小怪！」

賄選進行的方式，大致可以分爲以下三種：

一、由候選人的若干助選員或親友，以一定價值的鈔票送到選民家中，懇求他們投某候選人一票。言簡意賅，雖然選舉日尚未到來，卻大有銀貨兩訖之概。也許因爲事前對選民作了相當程度的評估，往往能收立竿見影之效。一般說來，知識分子、公務人員，是賄選者最不敢貿然試探的對象。

二、由前述助選人員帶了香皀、味精、毛巾、文具、小型電器甚至衣物等，登門拜訪，「順便」

請選民投某某人一票。當然他還會鼓吹一下那位候選人多麼優秀，多麼關心地方事務和百姓福利等等，甚至相對地攻擊其他的候選人。

三、由鄰里長（當然只是一部分）等作「例行拜訪」，代贈實物或其他，或代候選人作期約性的承諾。

除此之外，據說某些鄉鎮中，也有大膽的候選人根本派人在固定的地點大規模的發錢，發送禮品，儼然超越季節的聖誕老人。根據某大報報導，有一位台北縣的省議員本是勤苦出身，上屆選舉中卻花費了七八千萬元，其主要用途便是如此公開發放，眞可謂「用錢如泥沙」（按：這是宋史上記辛棄疾遭人彈劾的用語）了。

政府有關當局也已注意到這個嚴重的問題了，頗有決心針對此種不正常現象，予以防止及堵截。但願在嚴格管制和獎勵檢舉雙管齊下之下，此一歪風能順利地扭轉過來。

在此我想談一談選民對於賄選行爲，應該採取什麼樣的對策。

一、嚴詞拒絕，並細心地留下證據，包括以錄音、攝影等方式，作爲向有關單位檢舉的依據。這樣做也許不是人人能夠，但是有心而機警的公民，應該一本擁護政府及維護善良光明民主風氣的立場，盡其所能，打擊不肖及不法分子，至於是否能因而獲得若干獎金，畢竟是次要的事，佯裝接受，立即予以密封，向有關當局檢舉，亦是可行之策，但必須另具人證；否則或將難逃栽誣之嫌。最光明磊落的民主人士，在檢舉之後，不妨婉拒獎金，或將獎金悉數捐助政府登記立案的慈善機關。這樣才是兩全其美的作法！否則，你的親友同事鄰居說不定會以爲你是貪財之輩。

二、婉言拒絕，並規勸對方不要以身試法：如果來人本是熟識的鄰、友，你也許不便大聲喝斥，使對方過分難堪，但至少應該以大義曉諭之，使他感到慚愧，不但知難而退，進而洗心革面，不再替人家作這一類暗昧違法的事。如果你認識候選人，更不妨直接規諫他本人，不要弄巧成拙，留下永遠洗刷不掉的污點。

三、在婉拒賄款及禮物後，訴諸輿論的管道，使一般選民能夠知悉誰清誰濁。不過這也必須審慎爲之，否則流於空穴來風式的舉發，不僅不足取信於人，還可能因而惹上誹謗的官司，沒完沒了。

四、如果知道自己的親戚、朋友、同學、同事、鄰居等有收受賄款的現象，應該憑著自己跟對方的交情，規勸他們退回賄款，或在選舉時另擇眞正賢能清廉的候選人，投他一票。因爲守小信而敗壞大義，把行賄的人「選」出來，是最愚昧、最失德的行爲。

五、如果自己的家人在自己出門時不分青紅皀白的收受了賄款及禮物，自己發覺後，應力勸或命令（如果自己是家長或長輩）受賄的家人出面檢舉或退回賄款賄禮。萬一這兩項都做不到——比方送錢送禮的人身分不詳、行蹤不明，那就把它們轉捐給慈善機關（只需以「無名氏」劃撥一個正確的帳戶即可），然後在投票日採取棄權或圈選另一候選人的途徑，來杯葛不良候選人。

六、萬一以上幾種方式都做不到時，只好採取最下策：在收受賄款及禮物後，不動聲色，到了選舉日投一張棄權票。還有一些鄉下窮苦的選民，由於知識程度低，根本不了解選舉的意義，反而認爲別人花錢託我辦一件舉手之勞的「小事」，何樂不爲？因此甲候選人派員來賄選，他收了款，乙候選人上門行賄，他也照收不誤，依此類推，經歷一次選舉，倒可以收到不少外快，藉以添置家具或衣物，不無小補，這種人當然其情可憫，但是他們家中如有一二知識程度稍高的家人（如國中生、高中生、大學生），即應盡最大能力勸阻他們投票選那些表面「行善」實際是「壞人」的候選人，並仔細分析選了行賄者可能對國家社會人民造成莫大的傷害。這一工作雖比較艱苦，卻也正是現代國民的一大義務。

談高學費政策

報載最近教育當局提出一個政策性的構想：未來將朝高學費方向發展。

聞此一語，吾人有不能已於言者。

一、民主社會最重要的是有均等的機會：民主社會最要緊的，不是選舉，不是開會，而是保障每一個國民，不論貧富，都有相同的發展機會。人也許不是天生平等，但一個健全的民主社會，一定會運用各種制度、策略、方法，來促成立足點的平等。在此一基點上，高學費政策便是不合理性、也不合時代潮流的。回顧古代的科舉制度，雖說布衣可以藉由考試而致身公卿，但實際上，只有地主階級、貴族、小資產階級（即小康之家）等的子弟，才能負荷長期的苦讀及應考的資費，貧民子弟，機會微乎其微，何況考試本身亦非絕對公平，明清兩代，弊端百出，有目共睹。因此，在君主時代，人人平等只是一種奢望。到了民主時代，各種考試，一本公開、公平的原則，因才學而錄取，視才能而分發、培育、任用，可謂相當理想的制度。國民教育的普遍實施，尤有貢獻。而有心升入高中、大專的學子，亦能經由考試的競爭而升學。公立大學及專科學校，一向維持比較低平的學費，因此那怕比較清寒的農工子弟，亦能靠著自已奮發上進的努力，躋身高等學府。如今倡言高學費政策，一旦成爲事實，許多工農乃至小市民的子弟，恐將望大學之門而興嘆！這實在不是一件可以等閒視之的小事！

二、本省已有貧富日益懸殊的趨勢，此際實施高學費政策，恐怕勢將形成雪上加霜的困境：最近三四年來，由於經濟的高度發展，國內貧富之間的差距亦逐漸拉大，富者資產億萬，貧者衣食不足。政府自應針對此一現象，熟謀應對之策，以期拉近二者距離：至少應該格外重視社會福利，以發揮政策性的平衡效果。如果在此當兒，背道而馳，倡行高學費政策，則本省四十年來民主憲政的成果，勢將大打折扣。此事實不容掉以輕心！

三、教育部正規劃十二年國民教育的措施，此時若實施高學費政策，無異南轅北轍：如衆所週知，延長國民教育是希望普及教育，提升國民知識水準及品質，這本來是一項既民主又人道的政策，但是如果同其時又施行高學費政策，讓未來更多的高中高職畢業生難以順利升學，則原來的良政美意將轉化爲莫大的自我諷刺！假若一個優秀的農家子弟在接受十二年國民教育之後，突然面對高學費的門檻，只有痛苦地自絕於學府之外，這不但是人才人力的浪費，也將造成社會上一股不平之氣。誰也不能承擔其可能的後果！

四、我國外匯存底日積月累，已成世界上少數的富有國家之一，國庫不虞匱乏，此時此地，若遽爾實施高學費政策，將成爲友邦的笑柄。「不患寡而患不均」，古有明訓。如果一個國家，富而不「施」，等於剝奪低收入民衆的權益！高學費政策實在是一個奇怪的餿主意！

五、公教人員歷年均有調整待遇，但廣大的工人農民的生活，卻未必能有等比的提升，尤其若干農漁民，生活素質更形停滯落後，譬如有的菜農辛苦種出來的蔬菜，只能以新台幣一元一斤的價格出售，聞之令人落淚！此際如果政府再要提高大專學校乃至其他各級學校的學費，恐將使低收入的民眾對公教人員亦產生不良的連鎖反應。何況軍公教人員子弟享有相當額度的教育補助費，而廣大的農民工人子弟卻享受不到，有關當局，對此事實，難道能夠全然無動於衷？

吾人認爲：此時此地，不但應該免議高學費政策，而且要適度平抑各級學校學費的調整。同時，政府實應自今日起，愼重考慮核發低收入工農子弟教育補助費，或大幅度設置大專清寒學生的獎學金，這才是愛民謀國之道！

國中國文課本太難了！

大學畢業後，我曾教過四年初中國文，記憶中的國文課本，似乎難易度尙稱適中，二十多年來，也未暇再留意這一問題。

如今我的兩個孩子都在國中就讀了，不料原先在國小時國語一向得優等的學生，到了國中，學國文卻有困難了，幸而他們的爸爸是教文學的中文系教授，才算能勉強「過關」，幫他們把困難一一解決。

爲什麼？國中的國文課本太難了！

國中三年級的課本裏，由語文常識打頭，大講修辭學中的許多名詞，包括「反襯」、「對比」、「對襯」、「頂眞」等等，於是老師苦苦的教，學生苦苦的學，搞不懂的，就只好死記死背，弄得孩子們整天愁眉苦臉。

一位當年師大國文系的高材生、資深的國文教師說：「這不只是考學生，也是『考』我們老師嘛！」

而且，我們目前的教育模式，簡單說來：不外「課本上有的一定要教」、「聯考要考的必須徹底加强」一途，於是，有些熱心而「有經驗」的國文老師，便從國中一年級開始，就把這些名詞和實例教給學生了，要求學生記、唸、背誦，至於是否完全了解，當然難以顧全。（是不是每位老師都一一了解，也還是一個不大不小的問題。）

請問教育部長懂不懂什麼叫「頂眞」格？什麼叫「反襯」？

原來編國文課本的朋友們，都忘了他們所編的是國中課本，不是大學課本！而老師們呢，爲了聯考，只好硬著頭皮教、教、教——像灌水一樣的教！學生們只好咬緊牙關學、學、學——像呑吃苦藥一樣的學！

本來這些內容是大學修辭學、文學概論的領域，現在提前放到國中課本裏，所以弄得雞飛狗跳，大家像啞子吃黃連，也不好意思多說話！

編中小學課本，最好是由專家、中小學教師、家長、學生代表一起會商，才能編出分量、程度都適中的課本來。不止國文課本如此。國中英語課本，不也有英語老師反映：「太難了」！確實如此。

不問可知：國中國文課本的編者群中，有不少位是我的師友，我這篇文章一發表，也許又不免得罪不少本行的人士，但教育是百年大計，不能因爲怕得罪人而噤口不語；好在個人說話、寫文章，一向對事不對人；但願有關教育當局及執事諸公能審愼的一思此事！

躐等以學，永遠是一件不恰當、不健康的事！

王陽明沒有錯

日前重讀王陽明「訓蒙大意」一文，不禁有怵目驚心之感：

「若近世之訓蒙穉者，日惟督以句讀課倣，責其檢束，而不知導之以禮；求其聰明，而不知養之以善；鞭撻繩縛，若待拘囚。彼視學舍如囹獄而不肯入，視師長如寇仇而不欲見，窺避掩覆以遂其嬉，設詐飾詭以肆其頑鄙，偷薄庸劣，日趨下流。是蓋驅之於惡；而求其為善也，何可得乎？」

如今五百年過去了，可是，號稱曾接受現代思潮洗禮的中小學教師們，對於學童、學子的施教，有沒有什麼改進呢？

不可否認的，三十多年前，當我們這一代還在受教育的時候，學校中既無惡性補習，也極少體罰，學生們大致過著健康、愉快的學習生活。

可是，曾幾何時，由於人口的驟增、升學的壓力，吾人所能給予年少學子的迴旋空間，竟然愈來愈小，小到必須開倒車，用一些落伍、呆板乃至不人道的方式來「教誨」中小學生了。

現在試分項討論之：

一、愛體罰：體罰在教育上有無功效，見仁見智，中外教育界人士迭有爭辯，似乎從無定論。不過時當二十世紀民主自由的時代，體罰當然是落伍的措施，教育當局也曾三令五申的勸阻。可是，這一切似乎只是具文，只是官樣文章。大部分的國中、國小教師，都是習慣打學生的，有的簡直讓人懷疑是嗜打成性。學生吵鬧、上課說話要打，功課不及格要打，不守規矩（規矩很多），忘了帶課本、文具要打。這也罷了，動作稍慢要打（好像每個學生都必須是「飛躍的羚羊」或閃電神槍手），上課回一下頭要打，功課考得差要打（譬如不到八十分或七十分），因此，連班上第一名的高材生也難以倖免。有的改行處罰伏地挺身，似乎好一點，但仍有體罰之實。眞不曉得這樣打來打去，有什麼效果可言：除了對學生自尊心的傷害之外，還可能造成一種「反正好歹難逃一打，乾脆馬馬虎虎算了」的反抗、消極心理。更嚴重的，則是一種對學校、對社會的仇恨意識。

二、刻板的教學法：如一個字指令寫十遍或二十遍，使學生煩厭不已，也未必有熟能生巧的效果。我曾眼見一個好學生把一個字寫錯了一筆，連寫二十遍，也就是練習錯誤二十次！好學生尙且如此，壞學生更不用說了！還有考國文要求學生死背解釋。有一個第一名的學生，在國中一年級的一次國文小考中，因爲用自己的語言作答，竟榮獲「三十分」，以我的標準看，則可得九十分，看來是我這個大學教授太「落伍」了！

三、爲了升學，要求學生犧牲假期，以作補習或考試之用，平常也放學極遲，這種作法如偶一爲之，尙可諒解，經常如此，便是「奴役」學生了。王陽明浩歎之聲猶在吾人耳際，但是偏偏有許多大學或師專出身的小學、中學老師，也許求功心切，也許愛護學生不得其法，也許受了學校和家長的壓力，竟「不擇手段」的苛求學生如此。

偶有一二學校，力求教學的正常化，偏偏還有不明事理的家長要求學校「多考試、多督促」，如果校長意志堅決，婉言說明，也未必能贏得那些家長衷心的認同。有的學校因爲承受不了家長的重重壓力，過了一段時日之後，只好放棄初衷，「回頭是岸」，也向許多「明星學校」看齊，於是由課程的安排到老師的作風，都「隨波逐流」起來，嗚呼。

王陽明的話說得一點也沒有錯，錯的是我們這些不肖的子孫！

為何總是論說文

不知從什麼時代開始，各級學校的入學考試，各種國家考試，各項作文比賽，便一貫地以論說文命題。

我猜想這種現象的形式，大概有以下三種原因：

一、容易找題目。

二、評閱時比較容易有客觀的標準，不致見仁見智，過分懸殊。

三、許多人認為只有論說文才能顯示作者的思考能力，對人生社會諸問題的關懷與了解，以及智慧、反應力等。

以上的三個理由，當然都能成立，但是大家似乎沒有想到問題的另一面：

一味以論說文命題，也可能造成若干偏頗的現象：

一、大家只學習論說文，其他文體乏人問津，可能形成一種偏枯的現象。

二、各級學校及社會人士由於針對各種考試而準備，遂將論說文以外的文章置之不理，不但學到的東西有限，而且也捐棄了許多啓迪智慧的管道。有的高級中學，國文老師乾脆規定作文一概寫論說文，聯考之影響正當教學，莫此為甚。

三、論說文固然可以展示作者的智慧，其他文體——如記敍文、抒情文、甚至詩歌等，又何嘗不能？唐代科舉考試，便須考試帖詩，有人說寫詩寫得好的不見得能做好官，表面上不無道理，可是大家也許忽略了，詩寫得好的人，不但智慧較高，對事物及情感的反應能力也特別敏銳，而且具有很高的創造力，這些都是做事的基本條件。退一百步說，如果詩人不一定能做很好的公務人員，會說會議論的人又何嘗一定能夠做好官？

何況，許多作文比賽，根本是一種才藝競賽，為什麼也要限制參賽者寫論說文呢？眞使人百思不得其解。

最近台北市教育局所主辦的一次作文比賽中，題目為「我們的未來不是夢」，本是一個很活的題目，參賽的人士十分之九都寫論說文，有的頗有見地，有的中規中矩，也有不少大作其新式八股的。偶有一二另作經營的，反而清新可喜，但卻未必能贏得評審委員們的青睞。可見一種習性或慣例，往往左右了社會上許多事情。

個人在此鄭重建議：

一、各級考試的作文題不必僅限於論說文。也許高考、甲、乙等特考可以例外。

二、作文比賽不妨分組命題，如一為論說文組，一為記敍文抒情文組，一為詩歌組，使參賽者各展所長，各盡其才。

三、評審先生們亦應變通評審標準，不必拘於一格。

近年來中學入學試已有部分開放爲記敍文及抒情文，可說是一大突破，值得在此記上一筆。

民意測驗

一九八九年是國內民意測驗最盛行的一年，其流行之烈，幾乎跟日日見報的綁架案不相上下。光是一個總統、副總統入選的蠡測，就勞動了四五個機構及刊物，你爭我競，十分熱鬧。說今年是民意測驗年，恐怕也不為過。

現在中央民代、縣市長大選已告一段落，總統大選則如箭在弦上，只等農曆新年一過，便要緊鑼密鼓開場了。可以預見的是：更多的民意或官意（專對官員及民意代表發問卷或電話訪問）測驗，還會陸續推出，就像市場上的小籠包子一家家出籠一樣。顧客們如何品嚐，倒是一個值得咀嚼、尋味的課題。

我看民意測驗的目的，目前已經不太純粹了，仔細分辨起來，至少有五種：

一、是純粹為訪求民意，作一種學術性的研討，並作為進一步研究、探討的依據。

二、是想藉由民意測驗的結果，影響更多的人對未來的選舉、施政及其他問題採取某種認同或拒斥、批判的態度。這種測驗，對象往往是有選擇性的。

三、為某一團體（包括政黨）或個人造勢：這不必多說，以免洩漏「玄機」。

四、爲商業團體或特殊貨品作保鑣或打手。

五、增加調查人或調查機關的知名度，其至藉此申請巨額補助或獎金。

這五類當中，第一類最純，第五類次之，（至少他們在測驗過程中不得不審慎從事），第二類又次之，第三、四類最不可取，最足混淆是非，甚至爲惡人造福。

測驗的方式，是成敗的關鍵，世間造假憑據的伎倆本多得不勝枚舉，不可諱言的，眼前五彩繽紛的民意測驗，也已有意無意地在串演不公正、不客觀的「社會指導員」了！

第一種是問卷式，內容經過精密設計，是專家手筆，是智慧結晶，而且文字清晰，項目分明，答卷人只要肯合作，在五分鐘到半小時內一定能夠完成問卷塡寫，而且來件附有回郵信封，只要塞進去打上釘或封上口就可以付郵。如期回收率可達七八成。而且測驗對象是平均分佈的，不會導致蓄意性的誤差。最重要的是：它具有一定程度的機密性，不編號，也不認定應對人的身分姓氏。因此應答者樂於合作，暢所欲答。

第二種則雖爲充分設計的問卷，卻赫然有編號在焉。除非所答內容均爲「中性」問題，否則有些應答人不願或不敢掏出肺腑中的眞答案，以免有後遺症。

第三種是電話訪問。它的好處是即刻有回收，缺點有二：一如上述，令人頗有顧忌，一則電話用戶在回答時欠缺充分考慮的時間，往往匆忙應對，不一定是由衷之言。

第四種是調查員蒞府訪談，它的缺點跟第三種幾乎全同，同時訪談人員還可以暗示應答者。

第五種是街頭或校園訪談。應答者或心不在焉，或受更强烈的暗示所左右，其弊亦大。

至於受測者的態度呢？

我建議以下四點：

一、如果是週全設計、徹底無記名的測驗，只要自己能力所及，應該充分合作，使有心的規畫者順利完成工作目標，對學術、對社會都會有直接間接的貢獻。

二、如果是設計頗佳而有編號或須具名者，仍可予以填答，但拒絕簽名，或劃去編號，或略作必要的保留。

三、其他方式可酌情回答或拒答。

四、當面訪談，如願回答，一定要小心防範，以免受到「意見暴力」的「脅迫」及污染，被人利用了心中還不太了然。

願九十年代的民意測驗既潔淨又能事事應驗！

一封迷信的信

二十世紀是一個科學昌明的時代，也是各種華洋迷信各顯神通的時代。

算命、看相、風水、預言等，多多少少都包含一些迷信的成分在內，有的純粹是胡扯，有的不無統計學上的神秘依據，有的或許還帶一些社會教育的性質。

但是一封莫名奇妙的信——俗稱「連環信」的玩意兒，卻完全是胡鬧和惡作劇。最近它們又陰魂不散地在國內流行起來了，我也收到了其中的一封。

它是手寫稿的影印。看來影印機又扮演了另一種腳色，猶如巫婆而戴上了聖誕老人的面具。

這封信頭一行是：「請常念南無觀世音菩薩」，其中有「唸」、「薩」兩個字，一個寫別了，一個寫錯了，「南無觀世音菩薩」亦是較罕見的用語。

第二行是：「幸運者：當您收到這『連鎖』四天後，將有好運降福於您身上」，似通非通，但努力展示其聖誕老公公的面貌。

接著說這是荷蘭「出發的」，已環繞世界十週以上，後文又說這是一位委內瑞拉的傳教士所發的，眞是前言不對後語：洋迷信而涉及南北兩半球，又加上宗教的幌子，眞可說「設計煞費苦心」了！

下半封信裏要求收信人在九十六小時內把它抄寫或影印二十份，分寄「您認爲幸運的朋友」（錦上添花？）然後又一再叮嚀「不要保留這封信……」

接著就述說一些可笑的神話了：

一、美國有一位店員，本來可以獲得九萬美元（天曉得那是什麼樣的錢財！）可是他把這封信擱下來了，結果大失所望。

二、狄斯在一九五三年（哇，歷史悠久！）收到這封信後，吩咐家人抄寫二十份寄出，八天後，就在當地中了二百萬的彩券（六合彩的信徒看到這裏，一定興奮得哇哇大叫）。

三、「過路的人」收到此信，把它撕掉，幾天後被老闆開除。（那老闆是神仙還是魔鬼）？

四、他幾天後又接到這一連鎖信，複印給親友，幾天後得到了「職位和職業」（好有意思的文章！好像是一種囫圇吞棗的翻譯傑作！）。這倒是「一報還一報」的最佳詮釋！

五、另一個孩子收到這封信，隨後把它撕掉，不出幾天，就離開了快樂的人世。

這最後一則，更是充滿了威脅意味，足夠使膽小的人「花容失色」或心臟虛弱。

然後還意猶未盡地說：「這不是遊戲，也不是傳教。好自爲之！」眞有點像「此地無銀三百兩」、「對門阿二不曾偷」的故事。

我讀完這篇大作，啼笑皆非之餘，也姑且用心算計算了一下它的「邊際效用」！

假如每個收信人都相信信上的鬼扯，不出八週，全世界每一個人都可以收到一封同樣的信（假設每封信發出與收到的時間差距爲一週左右），然則全世界五十多億的人每個人都將成爲幸運的人，每個人都發財走運，升官晉爵，長壽成名，盛哉猗歟！

我偏偏不信邪，寫完本文之後，就把那封「連鎖信」撕碎了扔進字紙簍，準備送給「藍博士」外星人去「消化」，且看幾天以後，我會不會「給老闆開除」，會不會「離開快樂的人世」。

國內的郵件已經十分擁擠，大家做做好事，共同「連鎖」起來封殺這種無聊的洋玩意兒吧！

衛青霍去病

還記得四十多年前，我正在吳興讀小學四年級的時候，第一次聽到老師講漢代名將衛青、霍去病的故事，小小的心靈中隱隱約約地感受到兩千年前的大漢威風。

如今，衛青、霍去病這兩個名字，似乎有了嶄新的時代意義。

衛青是環保運動，它可以包含：

一、保衛青山綠水，使它們不受污染，不致伐木過度，不致枯涸，不會優養化，更不會因濫墾而地層下陷。

二、保衛、愛護野生物：不論雀鳥或更貴重、罕有的野禽、獸類，都應本乎人道精神，依據科學觀點，加以維護，使牠們不致絕滅。

三、維護良好的生活環境：反髒亂、反空氣污染、反制高分貝雜音，這也是一種廣義的「青」。同時，即使做不到都市鄉村化，至少也要在每一個社區保有一個公園或一片綠地。

這些都是現代的「衛青將軍」。環保署長義不容辭，應該掛帥負責。但願不久的將來，環保署能升格爲環保部、擴充職權；全民一心，共維環境衛生，以保大地長「青」！

至於霍去病，意指儘速改革，去除社會若干痼疾：

一、不守法：如果有人問我：我們自由中國當今最大的病痛在那裏，我會毫不猶豫的回答道：「在於缺乏法治觀念，大家不守法成習，甚至以此爲榮。」比起政治、經濟等問題來，這才是最嚴重的病根。如今有關當局也已有此共識，而且下一任副總統又是法學專家，但願在不久的未來，能做到全民共同遵守法律，視不守法爲莫大的恥辱，不鑽法律的漏洞，進而將法律歸依到固有的倫理道德上（當然有些地方必須作適度的調整）。

二、投機取巧：賭博成風，是本省（市）最大的社會問題。六合彩、大家樂、惡性電動玩具不用說，連股票市場都已不可諱言地變成一個「高級的賭場」。（政府官員如果說買賣股票是賭博，準定挨罵遭轟，可是有良心有良知的人，誰又沒有這樣深痛的共識？）不久，賽馬也要開放了。怎麼辦？有人說：賭是人類的天性之一，不值得杞人憂天。我的看法是：當賭博是少數人的行爲時，那也許是「正常」的，當它變成大多數國民的習慣時，那就是社會民族的危機了。一言可以喪邦，百賭更足覆國。由於各種賭博及準賭博（賄選亦其一也）所引致的投機僥倖心理，更是十分反常而危險的。大家都快要不屑好好做工了。

三、不用功：當今社會上許多人，除了賺錢以外，幾乎很少樂意下苦功去做一些有益的事情，學生也日益懈怠，尤其是大學生，不論南北，不管學什麼的，都遠比以往不用功，視蹺課爲家常便飯，對內容充實的學科儘量逃避，求學分不求學問、玩樂賺錢「運動」掛帥……都是一目了然的現象，長此以往，如何是終？總有一天，我們會發現中華民國的人才斷層現象接踵而至，一如今天的大陸。到了那個時候，再著急也遲了；亡羊補牢，今猶未晚，但願有心人、教育當局、各級教師、輿論界、家長、學生，共同警惕，共同努力，把這種壞風氣大力扭轉過來！

如果以上這些疾病都治癒了，我們就可以另外歡迎三位古人的大名了：文祥（清人）；海瑞（明人）；謝安（晉人）！

不要再掩耳裝聾了！

我用「掩耳盜鈴」來形容目前我們的大陸政策，也許不盡妥適，但在某些方面，其自欺欺人的色調，實在無異於掩耳裝聾。

自從二年前開放赴大陸探親以後，我們的大陸政策一直是謹慎有餘，速度不足。尤其是只許探親，不許觀光、考察，更引發眾多國人的不滿與詬病。

就實際狀況言，探親與觀光實在沒有太大的差異，都是由台灣飛到大陸（中間還得經由香港或其他國家轉航），然後絕大多數的人也都按時回來。

若說最初開放探親的動機是人道關懷，這樣的理由在如今看來，也已經不切實際了。

因爲有許多根本無親可探的人，爲了嚮往大陸的大好山河及名勝古蹟，早已運用各種巧妙的方法，達成了到大陸觀光遊覽的宿願，而且在回到台灣以後，以其不平凡的經驗向那些老實守法的同胞炫耀。所以這年頭，守法的人變成最沒有辦法的人了！

有些人明明是本省籍，跟大陸上的「老家」早已斷了線，連自己祖先住在那兒都弄不清楚了，居然一而再、再而三的去「探親」，請問：有關當局有什麼辦法可以制止呢？而且工商界人士藉探親之名行考察、投資之實的，早已屈指難算，可是，我們的大陸政策仍守在「定位」上，甚至說目前開放觀光「有困難」。

王永慶先生「偷跑」去大陸，事情張揚開來之後，有關單位特准他補辦「探親」手續，請問這不是特權是什麼？

這本來是可以避免的，只要大陸政策會報一聲令下，開放觀光及考察，就百事清吉了！沒有困難，只有好處。

最大的好處是大家平等，大家方便，而且避免許多人明知故犯——違規起跑。

其實，遠在教師及低層公務人員開放大陸探親之前，就有許多人逕自去大陸了——他們實在等不及了。政府又能如何呢？

如今，全國的人民，大概至少有百分之九十五的人，都認爲去大陸觀光或考察（還可以包括學術訪問及交流）是理所當然的了，有關的執事諸公，何不及時醒悟？不要再瞻前顧後了！

兩岸直航已是勢在必行的事了，那怕先單向航行，也是天大的好消息。亞運代表團能去（雖仍要由沖繩或東京「轉」一轉，已近乎直航），廣大的民衆自然也能去。

探親？觀光？考察？學術交流？其實說破了都是一樣：到大陸去旅行。

請不要再掩上耳朵了！那樣不但會失去民心，而且會使公權力更加難以伸張。

問路

問路是一種需要，也是一種藝術。

我從小便是一個善於迷路的人，因此養成了出門頻問路的習慣。有時在夢中也在向人問路，而得到的答案卻很不友善：「我怎麼知道？你問我，我問誰？」「東、西、南、北，條條大路通羅馬！」還有一次，對方竟一手直指天空，瞠然不發一語。一覺醒來，猶不免使我心中怏怏不樂。

問路的時候，必須注意四個要點：

一、擇人：要看準對方面目和藹，心情舒泰，如果遇到一個性情暴躁，或行蹤匆遽的人，閣下還是三緘其口的好，以免大碰其釘子。一般說來，中學生是最好的問路對象，家庭主婦也不錯。太小、太老、太嬌，都不是問路的理想目標。

二、口齒要清楚，語言要簡潔明白，以免對方聽而不聞，或發生誤會，把「忠孝大橋」聽成「忠孝東路」，或將「安和路」誤作「萬芳路」。

三、禮貌要講究：「對不起」、「請問」、「謝謝」三者至少必說其二，最好三者俱全，否則對方也許會瞪你一眼，掉頭便走。尤其不可露出上司垂詢下屬的神態，或老師考問學生的口吻。

四、選擇恰當的時機：人家正趕綠燈的「尾聲」過馬路，你若向他問路，他也許會怒目相顧；人家正在紅磚人行道上卿卿我我，你若不識趣，便變成特大號的電燈泡了。

具有特殊身分的當事人，在某種特殊環境下向人問路，更須百般審愼，尤其要衡量問路對象與自己之間可能存在的敵對關係。史記項羽本紀記項羽在垓下敗走時，「至陰陵，迷失道，問一田父。田父紿曰：『左。』左，乃陷大澤中。以故漢追及之。」那位老農夫，很可能認出項羽的身分，而且以往可能受過他直接間接的傷害，所以才作了這樣致命的欺騙。一失「問」成千古恨！項羽在九泉之下，恐怕也不敢再輕易向陌生人問路了。

問路固然是一種生活藝術，應付問路者也得有一些技巧。

爲什麼？

因爲天下之大，無奇不有。素昧平生的問路者，有的生性乖僻，有的容易遷怒，有的心懷不軌，有的投石試探，你若不能察顏觀色，好自應付，也會惹出一些不可思議的後遺症來。

譬如自駕賓士轎車的問路者，表面上彬彬有禮，一表斯文，肚子裏可能男盜女娼，鄙惡不堪，向妳問路，還請妳「帶路」，這就堂而皇之地把妳帶下地下停車場，在一不見天日的角隅强行非禮，——這是多年前的一則新聞；有的問路人是爲犯罪作準備，你若熱心指點，便無形間變成助紂爲虐的共犯了。還有一次，一位很不誠懇的年輕人在大街上攔住我問：「去臺中怎麼走？」

我楞了一下，向他端詳了一番，他竟面不改色；我當下判斷了他的動機，便從容地回答：「向南這個方向。」

他聞言，突然做出一張苦臉來：

「你叫我自己走啊？」

倒好像是我犯了很大很大的過錯。

我又看了他一眼，希望他實話實說——譬如借車錢啊什麼的，但他終於紅起臉來了。

遇見這樣的問路人，你該怎麼辦呢？

有時，對方問我的路而我也不太清楚，但周圍似乎又沒有第二個可以請教的人，我也會根據印象，作大膽而兼帶細心的假設，建議他先作如何的嘗試。當然，這只能偶一爲之，否則，挨罵事小，缺德事大，孔夫子又要長喟一聲，教訓我們這些「後生」一頓了。

旅遊專科學校

十二月二十六日我和二位好友參加中國旅行社所舉辦的桂林、柳州五日遊。全程由香港中旅社的何先生擔任領隊，抵達桂林之後，當地中旅社又派一位洪軍先生及一位李小姐擔任隨隊導遊。

十二月二十八日下午，我在參觀途中偶然有機會跟李小姐聊天，請教她是由什麼學校畢業的。她說：

「我是廣西旅遊專科學校畢業的。」因爲這樣的專校台灣目前還沒有，因而當即引起我很大的興趣。

「這是『大專』，高中畢業後考進去，讀兩年就畢業了。」她補充道。

「正好等於台灣的二專。」我說。

她微笑得很淡，很美。

「妳是讀什麼科的？」我進一步探問。

「中語科。」

我大吃一驚。想不到千里迢迢隨團來此，一男一女兩位導遊，雖然一爲湘籍，一爲桂人，但居然都是我的小同行。中文、中語，可不是一家嗎？而且旅遊專校裏赫然設置中語（也可叫中文）科，著實使人詫異。

「妳的母校一共有多少科？」

「一共有八科：中語、英語、日語、法語、德語、俄語、旅遊管理、旅館行政。」

後二種可說是很「正統」的，也在我的意料之中。前六種如果予以孤立，叫人猜測它屬於何校，一百個人裏一定有九十九個猜它是語文專科學校的科系，另外一個則必是旅校出身的內行人。

「兩年裏都學了些什麼？」

「中文（國文）每星期有五到六節；另外兩節自習（相當於「導修」課），也有老師在教室裏，可以隨時請教他跟國文有關的問題。」

「這麼說來，中文課四個學期加起來有二十多個學分囉。」我又問。

最初李小姐搞不清楚「學分」是什麼意思，經我解釋以後，才恍然大悟，然後認眞地點頭。

「還有些什麼課？」

「要修一門以上的本國方言。」她頓了一頓才說，「我主修的是廣州話，一學期每週三小時，是一年的課程。」

「難怪派妳接待港團。」我聽我的香港友人說洪軍的粵語頗不標準，李小姐的比較好些。

她笑了一笑。

「還有歷史、政治、英語、旅遊專業課程。」

「歷史是通史還是近代史？」

「通史。」

「政治課程呢？」

「包括唯物史觀哲學、政治經濟學、政策方針三門。」其中「唯物哲學」四學分光景，「政治經濟學」實質上是介紹大陸的經濟發展、產物分佈情況等，共六學分，「政策方針」則是三學分，介紹大陸（即中共）政府、政策及各種有關制度、措施等，這門課相當於我們的公民加三民主義。

他們學校原則上是上午上課，下午實習及勞動服務，有時下午也正式上課，看樣子比國內一般二專、三專的課程並不輕鬆。

她本來答應我另外找一些有關資料給我的，但在三十號那天有點抱歉的告訴我：「一時沒找到。如果你需要，我以後再寄給你好了。」

但她並沒有進一步問我香港或台北的通訊地址，我也只是向她笑一笑，點一下頭，因爲畢竟我並不想也開設一所旅遊專科學校啊。

教書

我從大學畢業以後，包括服役的一年在內，差不多都在教書，至今已有三十一年。對於教書，我的感受自是特別豐富。

首先，教書是一種心意的傳達。不論是傳道、授業、解惑也好，是啓蒙也好，是智慧的培養也好，教書的老師總是把自己所知、所感、所見、所聞、所讀、所思傳達給學子。所以，說這是人類資訊體系中最尊貴的一種，也不爲過。

教書是一項工作，——職業或事業，它雖非每天八小時制，但仍有其一貫的連續性，譬如寒暑假，師生雖未必見面，學生多半仍在作老師規定的假期作業，或消化一學期所教的東西，或讀老師推薦的書刊等。這種工作，有甘有苦，有酸澀，甚至不免有「做一行怨一行」之譏，但不可否認的，它是有機的。教師不是錄音機，也不應該淪爲一具麥克風。

同時，教書也是一種遊戲。乍聽之下，這話好像有點駭人，有點損及師道尊嚴什麼的。其實，仔細想想，就可以釋然了。有多少好老師不是懷著三分「遊於藝」的態度來做這宗神聖的工作的？說教書是一種藝術當然不錯，若說是生命的遊戲，也許更愜人意。——孩子們正是他們遊戲的對手或遊伴。變化萬千，樂趣亦萬千。享受不到這種遊戲的樂趣的，一定不是第一流的老師。

教書多少有點像推磨運動。一板一眼，週而復始，你最好能有驢子的耐性，猴子的敏捷。當然，比起一般的推磨工人來，教學的推磨者必須擁有更多的智慧和機智。原泉不竭，滾滾滔滔。這樣說來，教師又像一個灌溉者了。

耕耘、灌溉，本是不可分的兩件事。耕於田，耕於人，大同小異，各有其收穫。

教書是一程馬拉松賽跑。有人起跑得快，後勁不繼，便只好中途放棄，或勉强拖著疲憊的步子挨時間；有人則調匀步履和速度，中氣十足，任重道遠。我們的社會顯然更迫切地需要後一型的教師。

教書是由自我人格的建立到大我人格的擴散。這歷程，可謂「如人飲水，冷暖自知」。一言以蔽之，言教、身教，缺一不全。

教書的最高境界是創造。所謂「教學相長」，便是指在教導學生的過程中，重新消化舊知識，不斷充實新學問，然後與學生共相切磋，因而創發出更高層次的知識和學問來。「我有知乎哉？無知也。……」孔子說這一段話的時候，便已臻至此一境界。

佳樂小姐風波

四月二日那天，七十七年度中國佳樂小姐凌蕙蕙，被佳樂小姐主辦單位台北市觀光協會理事長周迺嵩當衆宣佈，取消當選資格，並由第二名趙英華遞補。這是中國選美史上的一樁大事。

首先，我們來看看佳樂小姐與主辦單位所簽定的「約定書」。其中第二條說：「個人之生活行爲品行皆願接受貴會約束，不得作出有損中國小姐名譽之行爲。」這一條本來用意不錯，恐怕當選後的小姐或驕縱，或行爲踰矩，因此主辦單位要加以「約束」！但是其界限實在太含糊！如果把「生活行爲品行」從寬解釋，當選的小姐豈不是根本失去了自主權？她豈不變成別人的奴僕了？難道當選了佳樂小姐，就連自己分內的權利也不能自由爭取？說得通俗一點，連討債的自由也沒有了？討債難道是不名譽的？那麼欠債呢？欠債是名譽的？周先生也承認觀光協會欠了凌小姐二三月的「薪水」及轎車未付，又未事先告知何時可以補發，以致引起凌小姐及其家人、律師的疑慮，乃出以寄發存證信的下策，這是行爲不當嗎？這只能說做得不漂亮；主辦單位十分不漂亮（陳香梅女士也說：國際間選美會的獎金獎品多爲當選後一次付清，也未聽說有積欠者。）凌小姐及其家人最多是七分不漂亮（再遲一週討債還不遲嘛）！

根據第五條，「非經貴會同意不作任何宣傳……」此一規定本來也無可厚非。但凌蕙蕙向記者訴說事情本末是否能算是「宣傳」？恐怕見仁見智！又：是不是她主動向記者透露訊息？她寫存證信給主辦單位，這件事新聞記者是如何知悉的？凌蕙蕙自己揚言出去？還是觀光協會的人說出來的？（總不會是郵局吧）如果是前者，則凌小姐在道義上說不過去；如果是後者，主辦單位自己要負責。

最後，根據約定書第七條：「若有違背以上所列條款其一，本人願接受貴會公開終止當選無效及享有之各項權利，本人決不異議。」

這一條也不夠明確，誰是法定的判決者？按常情常理說，應該是使得佳樂小姐當選的十一位選拔委員，而不應是一兩個人！否則當選人豈不變成某一兩個人的屬下了？那樣的中國小姐還有什麼榮譽可言？周先生說他曾徵得部分選拔委員的同意。這句話實在很曖昧含糊，請問是那幾位？按照民主國家的通例，這樣的大事，正相當於政治上的罷免，當然應該召開一次會議，經過討論和表決然後決定。而且，依據民主會議的慣例，這樣重大的「案件」，應該由出席者三分之二通過才能生效——尤其當事人「違規」的情況是相當「微妙」的時候。

這一次事件對大家是很好的教訓。而且選美會的「約定書」公開亮相，也可以使以後有意參選的小姐們有一心理準備。

最後，希望台北市觀光協會把未付清的獎金獎品如期捐給慈善機關，以昭公信。

等到捐款捐車事宜塵埃落定，請大家告訴大家：這是凌蕙蕙捐的！

兩樹見春

吳伯雄先生就任台北市長一年多，在民意調查中屢獲高分，他的魄力、口才與親和力，是這「成果」的主要來源。還有一位由軍人轉任工務局長的潘禮門先生，也是一本鐵漢本色，與市長的理念充分配合，秉公執法，不畏權勢，雖然也遭遇到不少阻礙及反彈力，但迄今爲止，他仍是最受市民擁戴的官員之一。

話說美麗古雅的榮星花園，自從榮星開發公司行賄案暴光後，頗有西子蒙塵之感，但是花園本身，畢竟仍保持其優美的風光。不料花園的園主「鹿港才子」辜寬敏先生，居然在六月底因爲不滿市政府徵收榮星花園爲公園，所答應給予的補償太少，下令其屬下以砍樹行動來抗議！一共有兩棵「無辜」的老樹，在缺乏「寬」大胸懷的「敏」捷行動下，慘遭腰斬（也許應該說是「根斬」），報上把這一事件比喻作大陸天安門的血腥行爲，以及當年越共殘殺越南人民的酷行。

平心而論，榮星老闆（這兩個字如今看來，要比園主切合得多，如係園主，怎麼會爲了計較鈔票而大開殺戒？）砍樹，比起中共濫殺無辜學生來，其嚴重性自然相去千里，但從另一個觀點看，他們的不愛惜生命，不服膺理性，則不免予人五十步百步之感。

輿論激動了，台北的二百多萬市民氣憤了，吳伯雄和潘禮門也震怒了，於是他們施出了鐵腕，立即派遣工務局人員及警察合力監視，嚴禁再砍第三株！

而且，潘禮門說「榮星公司敬酒不吃吃罰酒」，現在此一徵收作業已進入公告程序，按審定只能由市府給他們三百七十萬元補償費了——也就是原先應允的二十分之一！如再偷砍，必繩之於法。

看到這樣的新聞，眞使人身心爲之一爽，早餐也多喝了一杯豆漿：

一、公信力和公權力終於獲得伸張：一年多以來，隨著國內各方面的開放和進步，公權力、公信力的不張，已成司空見慣的事，早令有心人爲之憂思忡忡，如今，吳潘强檔在榮星徵收案中終於大唱凱歌：這不是吳伯雄、潘禮門個人的凱歌，乃是全體台北市民、乃至整個民主社會的凱歌！希望這一事件，能夠帶給各級政府一個很好的榜樣。

二、大自然的勝利：枝葉婆娑的老樹是人類的好友，也是人間的珍寶，砍之伐之，若非迫不得已，便是大自然的罪人。現在那位才子老主人下令殺樹，全體市民擁護市府護樹，正代表台北市雖爲域內最大的都會，但台北的人還是珍惜大自然的恩惠，愛護値得珍愛的生物。

三、大家族的衰微：辜家是本省少數著名的大家族之一，如今卻在一個公益事件中做出如此小家子氣，乃至流於鄙俗的行逕來，實在令人感慨不已。是不是這些大家族的子孫，除了名利（尤其後者）之外，還要省思一下其他的課題，譬如祖宗門風、泱泱大國民風等？難道榮星花園及其有關一切，天生就是辜家的私產，容不得「別人」挿手，更容不得大眾分享其權益？

一葉知秋，兩樹見春！

翁祖焯的教訓

調查局台北調查處的犯調科科長翁祖焯，由於今年二月九日在押解榮星案「主角」之一的周伯倫途中，逕自將周嫌帶往「五月花」酒家喝花酒，嚴重違反紀律，調查局於本月十四日召開獎懲審議委員會，作成決議：翁員因案先給予停職處分（本來是決定內調局本部的），待檢察機關偵查後，再行依法處理。

這一則新聞，說大不大，說小也不小。爲什麼呢？

一、翁祖焯職司犯罪調查，而不按規矩辦事，乃徇周伯倫之私交，帶犯人去喝酒，當然「殊屬非是」。

二、翁員爲一公務員，根本不可以上酒家，這是政府有明文規定的，他不但二月九號去過，據新聞報導說，以往也曾去過。

三、他是現任調查局長翁文維的兒子，而且早在調查局內出了不少風頭，占了不少「優勢」，根據報導指出，在局內隱然形成一個「實力小團體」，那些夥伴們經常稱他爲「太子」而不名，這回出事，未嘗不是由於平日過分驕縱自得的後遺症。

四、花酒案曝光後，翁祖焯又反咬周伯倫是調查局線民，引起社會震驚，民進黨人士尤其愕不可加，使周伯倫變成人人嫌棄的「邊緣人」。

我們不知道翁、周之間的糾葛是否還有下文，也許正像金庸和古龍等的武俠小說一樣，往往一波未平，一波又起，下一步棋是什麼，下一個揭曉的謎底是什麼，誰也不敢逆料，但是到現在爲止，我們不得不說，這一事件中的翁祖焯，至少犯了以下四個錯誤：

一、行爲不夠謹慎：不管去「五月花」喝酒是否周伯倫苦苦哀求的結果，這都是「絕對不可以」的事情。難道嫌犯苦苦哀求你釋放了他，你也看他可憐，照辦不誤？

二、交友不慎知人不明：翁祖焯與周伯倫有相當的交情，不但是翁親口所說的，而且就各種蛛絲馬跡看來，也確實無誤。不管周伯倫是不是所謂的「調查局線民」，翁祖焯都有知人不明之失，否則何至於「好意」請犯人法外「赴宴」，而反被人痛咬一口，說他「灌酒逼供」（這絕對是含血噴人，因爲那位葉大律師也在場，如有逼供情事，大律師迄今噤口不言，豈非荒天下之大唐？）這對翁祖焯的教訓，恐怕遠比勒令停職爲重大。

三、不太守本分：一位公務員在任何職位上，守分盡職是最要緊的。根據報導，翁員在調查局的表現不錯，但仗恃父親的權位而招朋結友，儼然成爲一大勢力，且擁有「太子」之雅號（這是多封建的稱謂！難道翁文維是皇帝嗎？這對乃父、調查局乃至我中華民國，都是莫大的污辱！）這當然是不守分！

四、公私不分：面對有私交的朋友，自己在執法時更應兢兢業業，以免出什麼差錯，落人話柄，翁員不此之圖，反「大而化之」，公然共喝美酒於「艷」名高張的「五月花」，豈不是典型的公私不分、情法夾纏？

但願所有的中國人以此爲鏡，謹言慎行，尤其在上進中的年輕人，更應深深引以爲戒。

韋恩與老美

七十五年八月二十一日，台灣來了個不速之客，名叫「韋恩」，大剌剌的由西海岸雲林、嘉義一帶上岸，摧枯拉朽似的，鬧了一大場，連海峽裏的澎湖列島也給他搞得七葷八素，全部損失一百多億。澎湖，這個我服役期間擁抱過的大姑娘，多少年來成長的「豐韻」都被摧殘得所剩無幾。

不久，他跑了。大家來不及鬆一口氣，趕緊救災救人。只見菜價大大上漲、石棉瓦變成奇貨，歌星影星們義賣義演，喊破了嗓子，政府官員、電力公司和電信局的技工們忙得睡不安寢。

不料他又掉頭回來，到東部搗了一陣亂，東北部、北部、東南部也波及了，好多雨、好多水——用不了的「資源」。

又走了。再回頭，繞來繞去。目前還滯留在恆春東北幾百里，隨時準備再上岸。再搗蛋。他已經破了世界紀錄——壽命最長，回頭兩三次。

同一個時間裏，美國商務談判代表團在台北，也是一樁大新聞，常常占住頭版或頭條。談判的內容主要是洋煙洋酒「內銷」。這批美國朋友來頭不小，不比韋恩差一點兒。他們一談幾小時，老是在幾個問題上轉呀轉，有的仁兄好像什麼都不懂的樣子。有一次，五點休會，他們主張晚上十一點挑燈再戰，咱們主人當然顧著客人的意思。不料他們到十二點又二十幾分才姍姍來到會場。中間沒打一個電話，見面也沒有一絲歉意。奇怪，大家以往總以爲洋人最守時，現在才知道：受了颱風的外圍牽引，一切都失了準頭。他們的目的不外是以此「奇招」，把我們那些咬緊牙關的會議代表累倒，整垮罷了。不料許多國人對香煙大模大樣進口，看得跟一百年前英國人把鴉片傾銷到中國一樣嚴重，還有不少人忙著給雷根總統寫信。可是一些洋煙洋酒代理商卻在暗中大動手腳，替洋人出餿主意，一心想把我們的代表團弄得中氣消竭，好讓他們爲所欲爲。這眞比兩個颱風一起合攻還要讓人傷腦筋。

韋恩颱風欺負美麗寶島已經在氣象史上大破紀錄，中、美的煙酒談判會議談談歇歇（其實歇的時候少，那些人總不能不吃飯，不睡覺吧），也已經創造了嶄新的「歷史」。再下去怎麼辦呢？再一次把台灣吹得七零八碎？讓我們每個人都去市場上批購洋煙洋酒，大吃大喝，表示「中、美合作」，「親愛精誠」？

唔，颱風季，別冒火！

迂腐與荒唐

最近一樁驚人的國內大事是：一位茶業商人賴順昌以他的勇敢、機智和公義心撞倒了兩名殺人、搶劫大盜，連破十餘案。

這在我們社會中，的確是空谷足音，令人興奮、感動、慚愧！

賴先生在追逐歹徒的過程中，不但奮不顧身，機警、積極，（他一面急馳賓士轎車，一面搖起車窗，向沿途車輛吹口哨，請大家讓開）,同時還冒著生命的危險。我們相信：一千個人裏面的九百九十九個，遇到他當時的情況——歹徒向他車窗連開數槍，都會知難而退，以保全自己及女同事性命為第一要著。但是他心中想到近日多起機車搶案未破，許多受害人失財傷身，他激於義憤，便憑著一股直覺猛撞歹徒的機車，造了這一事件的最高潮！

我們佩服他的智仁勇之餘，對台灣高等法院首席檢察官石先生的說辭，便不禁大呼「迂腐，荒唐！」石檢察官說：「這些案件懸賞破案的獎金，賴先生沒有資格接受。因爲它們是以提供正確線索而破案爲條件的。」

妙哉！提供正確線索之後，再由警方研判、布局、出動人馬，然後破案者，「提供」人便可獲獎，像賴先生這樣冒生命危險把歹徒撞倒，讓警察們坐享其成（只剩下收拾殘局及偵訊），便不該得獎。天下眞有這樣的道理麼？

請問：把兇嫌撞倒是偶然行爲嗎？不。我們可說是當事人自衛而出此，也可說是盡公民的一份義務——爲維護社會治安而不讓壞人溜走。再請問，迫使歹徒留下兩把警槍等贓物兼兇器，使諸案立即眞相大白，難道不是「提供正確線索」嗎？請問，除此以外，還有什麼更「正確」的「線索」？石檢察官也許慣於咬文嚼字，但是如果以一個知識分子的良知反省一下：便會知道這樣的判斷多麼荒謬，多麼有害了！

從此以後，大家會對懸賞破案之類的事兒不予信任，甚至嗤之以鼻。根據石先生的解釋，大概只有跟黑道掛鉤的人，線民之類的人，才有機會僥倖獲得那種獎金吧？

其實賴順昌本來就是一個熱心公益的人，——他是獅子會會員，他在立功後說話也很謙遜得體，而且身爲一名殷實的商人，也不一定在乎兩百多萬的獎金！但我們在乎！因爲社會的公義和獎勵，有時自有其不分的密切關係，若在咬文嚼字中喪失了衡量事勢的正當尺度，對社會的負面影響說多大便有多大！

萬一石檢察官的話便是代表法律的「眞理」，我們只好退而求其次：

咱們都到青竹茶行去買茶！以求表示社會對賴先生的敬意！

第二輯

紅樓夢人物

有人說紅樓夢中的林黛玉是賈寶玉的「假我」，薛寶釵是寶玉的「眞我」，史湘雲是「眞我假我的調協」。其實寶釵自有其眞摯的一面，她只是比較世故，而未必「虛僞」；黛玉雖眞，其少女式的狡黠亦不能不說是帶些子虛假。至於湘雲，既如野鶴閒雲，又有雲蒸霞蔚的氣象，最自然，最眞切，說她是眞我假我之調協，更無著落。

我以爲湘雲是最好的B型人，幾乎擁有B型所有的優點，幾乎沒有B型的任何缺點；說得仔細些，她是BO型，多少沾帶些O型的特色，若說她曾由O型的寶釵那兒吸取一些長處，也未嘗不可。寶釵是相當標準的O型人，溫和的O型，理性的沈穩。她頗識大體，但她的價値觀難免「和光同塵」，不似B型那麼凸出自我取向。黛玉的多愁善感似A型，尖酸刻薄應屬AB型，整體而言，當爲AB型。另外一位十二金釵中的非賈家人，也就是也有「資格」成爲寶玉戀愛對象的女性妙玉（注意，她也是「玉」，其相對的重要性不言而喻）是A型，孤僻自愛，有强烈的潔癖。四美並列，四型俱全，而且入木三分，曹雪芹之爲天才，於此可見一斑。

至於寶玉，個性更爲特別：他的不拘禮法，富有反叛正規的精神，以及浪漫的情懷，是B型特色；他的善體人意，自有主見，是O型特性；他有時也多愁善感，同時還有一些潔癖，是A型標誌；他的身心矛盾、他在出世與入世之間的傾向，乃至他在同性戀與異性戀之間的徘徊，更說明他極可能是一個AB型人。我願判斷他是一位超級AB型人物——在個性上兼涵四大血型，在人生態度，尤其在對女性的情感上，也是兼容並蓄，不欲有所遺棄。這正是他的高貴處，也正是他的痛苦處。

以血型說小說人物，一隅可以三反。這樣的人物架構，遠比什麼眞我、假我……說眞實而偉大。

藍星十四將

藍星詩社是國內三大詩社之一，它的現有成員主要爲以下十四人，他們的作品與風格各有千秋：

余光中：詩中有光，文中有詩——光耀中華。

羅門：悲劇英雄，前衛豪情——網羅千門。

周夢蝶：詩中有禪，禪中有情——莊周夢蝶。

夏菁：噴水池畔，古典紳士——華夏菁英。

向明：雨中作書，青春成誦——心向光明。

吳望堯：洛陽公子，江南豪客——瞻望堯舜。

黃用：現代張儀，琴韻不輟——炎黃大用。

蓉子：七月南方，閨秀之長——蓉湖芷若。

阮囊：沒落貴族，劍鋩漸斂——阮囊不澀。

商略：商略黃昏，徘徊秋雨——寶劍生霞。

方華：膜拜繆思，咆哮星辰——方正新銳。

夐　虹：金蛹凝寂，珊瑚流紅——遼夐長虹。

羅智成：鬼雨翔舞，巧思百出——靈智成城。

張　健：人道情懷，兼容唯美——張弓行健。

註：商略本名唐劍霞，方莘本名方新。蓉子本名王蓉芷，蓉湖在江蘇省，蓉子故里附近。

雲錦與摺扇

從民國五十一年秋天進入臺大中國文學研究所開始，我便矢志研究中國的文學理論和批評。當年即閱讀「歷代詩話」，並在這部詩話選集中選擇我碩士論文的題材。經過幾個月的考慮和試探，終於決定研究嚴羽的「滄浪詩話」——它可算是宋代的明星詩話。

五十四年三月，我的「滄浪詩話研究」（近十萬言）已經脫稿，比別的同學至少快上兩三個月，經過指導教授臺靜農老師，及俞大綱、葉嘉瑩二師的指正後，又加以修改，到六月打字印就，通過了碩士學位考試，並以第一名的成績畢業。那時臺大中文所尚未設立博士班，我便順理成章的留校任教，一直到今天。

此後二十多年，我始終沒有停止過中國文學批評的研究，而且每年獲得長科會及國科會的獎助，積有研究成果一百多萬字。其中大部分論著都已出版，包括「朱熹的文學批評研究」、「宋金四家文學批評研究」、「歐陽修之詩文及文學評論」、「中國文學批評論集」、「明清文學批評」、「中國文學批評」、「從李杜說起」、「清代詩話研究」等。

最近幾年的著作，包括「陸游的文學理論研究」、「楊萬里的文學理論研究」、「張戒詩論研究

一、「羅大經的文學理論研究」、「眞德秀的文學評論研究」等五篇，各有三、四萬字，雖已發表一部分，但尚未正式結集。這個暑假，我特地匀出一個多月的時間，加以全面整理、增益和修改，合爲一集，題名爲「文學批評論集」。

這本論集，跟「宋金四家文學批評研究」性質最爲接近。所收五家，都是南宋（其中張戒爲北宋末到南宋初人）的文學批評家，而且各有其見解和成就。陸游和楊萬里不但是公認的南宋四大詩人之二，也是我心目中宋代十大詩人（另外八位爲歐陽修、梅堯臣、王安石、蘇軾、黃庭堅、陳師道、陳與義、范成大）中的兩位。他們不止對文學提出自己的看法，對歷代作家有適度的批評，而且更能陳述自己的創作經驗，提供時人及後人參考，這些文獻，不但有意義，而且「有意思」：

我昔學詩未有得，殘餘未免從人乞。力孱氣餒心自知，妄取虛名有慚色。四十從戎駐南鄭，酣宴軍中夜連日。打毬築場一千步，閱馬列廄三萬匹。華燈縱博聲滿樓，寶釵艷舞光照席。琵琶絃急冰雹亂，羯鼓手匀風雨疾。詩家三昧忽現前，屈賈在眼元歷歷。天機雲錦用在我，剪裁妙處非刀尺，世間才傑固不乏，秋毫未合天地隔。放翁老死何足論，廣陵散絕還堪惜。（陸游：九月一日夜讀詩稿有感，走筆作歌）

這是陸放翁在壬子年間寫的一首詩，距今已近八百年（壬子爲西元一一九二年）。我在書中配合其他資料將它分析爲五點要義，足供讀者作全面的觀照和了解。

楊萬里和陸游一樣是一位多產詩人，他的詩一共有兩萬多首，（今存六千首），生平有很多年都是一年一詩集，其中「荆溪集」的自序中，對自己大半生創作的歷程有很清楚生動的描寫：

> 予之詩始學江西諸君子，既又學後山五字律，既又學半山老人七字絕句，晚乃學絕句於唐人。學之愈力，作之愈寡。戊戌三朝時節，賜告少公事，是月即作詩，忽若有悟，於是辭謝唐人及王、陳、江西諸君子，皆不敢學，而後欣如也。試令兒輩操筆，予口占數首，則瀏瀏焉，無復前日之軋軋矣。自此每過午，吏散庭空，即攜一便面，步後園，登古城……萬象畢來，獻予詩材，蓋麾之不去，前者未去而後者已迫，煥然未覺作詩之難也。蓋詩人之病去體將有日矣。（見誠齋集卷八十）

戊戌年是西元一一七八年，距今已八百〇七年，三朝是年初一，便面是摺扇。他在此段中不僅縷述學詩的幾個過程，而且把他如何脫去「詩人之病」而進入「水到渠成」、「信手孤高」的境界，一一交代了。尤其把「頓悟」的「頓」字清晰地勾畫了出來。和呂本中、陸游、姜夔的理論和自述不謀而合。

此外眞德秀是一位重要的理學家，他的哲學思想如何影響他的文學觀？他和同代的理學家魏了翁等的理論有何異同？我也一一加以剖析。至於技巧性的討論，則在張戒、羅大經兩篇中所篇幅較多。張戒的四品論——以氣爲主、以韻爲主、以味爲主、以意爲主，不僅是他的創見，而且界限清楚，運用到實際批評上也沒有什麼扞格，實在是值得研討和表彰的一套批評論。羅大經在鶴林玉露中所揭櫫的「細讀細思」原則，頗近現代英國批評家李維士(F. R. Leavis)等所倡的細品法，他的「簡古發纖穠」、「用輕虛字」、「用健字及活字」、「用伏筆」、「正反相濟」諸論，亦切實而有眼光，本書也分別予以論述及分析，並酌作「批評的批評」。

張愛玲的小說世界

張愛玲是中國現代小說史上最重要的作家之一，若以她的小說中的文字、結構、象徵技巧、氣氛經營等表現來看，我們更可以肯定地說：她是新文學史上首屈一指的小說家，在整個世界文壇上亦當有其獨特的地位。人們每以張氏作品題材較狹，喜歡以亂世男女作爲刻畫的對象，來貶抑或懷疑她的重要性。但讀過「秧歌」和「赤地之戀」的人，都當肯定張氏的小說世界絕不自囿於風花雪月或愛惡情慾，她也能處理時代問題、政治現象，甚至剖視民族性、制度與人性之間的錯綜關係。何況，就是退一步說，她的「半生緣」、「怨女」、「傳奇」（即「張愛玲短篇小說集」）諸作，不論就那一個角度看，都是第一流的自然主義小說，人們對於自然主義或寫實主義作品所期求或認定的諸特質，此三書中均有正面的展示；至少，張愛玲的這些作品，已足以使她成爲中國的哈代。

當然，張愛玲一直到現在，還沒有寫出一部像安波特的「愚人船」（Ship of Fools）那樣的鉅著，將來也未必能做到，但是試比較她和奧斯汀、勃朗蒂、吳爾芙夫人等英國女小說家，我們認爲她實在毫不遜色。也許研究英美文學的專家們，應該在這方面悉心的做一些比較批評的工作，那樣，相信當會更有力地肯定張愛玲的文學史地位。

我是一個小說的資深讀者，歷年來所讀中、外小說，不下兩千部之譜（尙不包含通俗小說在內），而且也曾創作小說，並從事小說評論，（其中包括「評介張愛玲短篇小說集」在內，已收入「讀書與品書」一書中。）對張愛玲小說傾倒的程度，雖不逮水晶先生，亦可謂一往情深，近年來雖有更多的機會閱讀三十年代的一流小說家老舍、魯迅等的作品，張氏在我心目中數一數二的地位，仍未稍有改移，若干曾獲諾貝爾文學獎的小說著作，比諸張氏的代表作，亦覺微有不及。此一信念，促使我去秋在台大中文研究所新開「現代文學專題討論」一課時，決定以張愛玲小說爲主要討論對象。

一學期三學分的課，我與十五位中外研究生共同參與十四週的探討、報告、辯論及講評，雖然其間還談及整個現代文學的問題，並討論姜貴代表作「重陽」等，但大部分的心力都投注在張愛玲的小說世界。期末的書面報告，亦以張愛玲小說爲主要範疇。

各位同學花費了兩到三個月的時間，以不同的題目撰述個人對張愛玲小說的閱讀心得及見解，兼及若干批評家及堂上討論時大家的意見，完成了十多篇論文式的報告，其中本地生的六篇，均頗出色，且不乏難以刪削的佳作。其中如曹淑娟的「張愛玲小說中的日月意象」、郭玉雯的「張愛玲小說中的女性」、沈冬青的「從人物塑造和寫景談張愛玲小說的語言」等，尤爲可稱。各篇我都曾仔細讀過，並稍加修改及潤色。另外王文進本有意自張愛玲小說中的人道精神落筆寫一篇新文字，惜因態度過份愼重，未克如願，只有俟諸將來。

手腦並用，左右逢源

民國三十九年十二月十五日，我恰恰一週歲那天，母親爲我舉行了「抓週」大禮，不料那名乳臭未乾的「小子」居然左手抓了一枝筆，右手摸著一本書（到底是什麼好書，已難考據），因此注定了我的「先天說」。

九歲來臺，就讀鐵路小學五年級，我的作文是班上數一數二的（最好的兩位之一），國語老師朱季瑛老師，對我鼓勵有加，她對我們的教學是偏重啓發式的，使我扎下了很好的根。

十歲時寫了一篇「我的故鄉」的短文，斗膽投給新生報「兒童之頁」，居然一試而中，從此對國語文更感興趣，陸續向中央日報「兒童週刊」等刊物投了不少稿子。

同時，我的閱讀範圍也由教科書、故事書，擴展到章回小說——如「三國演義」、「水滸傳」、「西遊記」、「薛仁貴征東」，以及翻譯小說——如「小婦人」、「小男兒」、「十五小英豪」、「泰山叢書」、「福爾摩斯探案」、「雙城記」等。

到了中學，我是師院附中（後改師大附中）四二制實驗班的學生，初中四年，國文老師是王民强先生，她國語標準，講述生動，而且循循善誘，不斷啓導我們擴張自己知識的觸鬚，使我們對於學問和文章，眞有如飢如渴之勢。我四十多年如一日的寫日記習慣，便是在她的勉勵下養成的。從此我的閱讀範疇更寬，而寫詩撰文，更是無三日中止。

高中二年，先後有四位良師教我們國文和「國文閱讀指導」，他們分別是熊公哲先生（後來擔任政大中文系主任）、方遠堯先生、何宗周先生（他們二人不久便升任師大國文系教授）及章于天老先生，他們或學殖深厚，或善於析理，或口若懸河，引人入勝，使我對國文和國學更增興趣。

我還記得曾在大陸大學任教的熊老師，當時年已花甲，但聲若洪鐘，我們在飽聆他的文化高論之餘，也常膽敢和他辯論，他雖自視甚高，對我們這些後生小子卻頗爲寬容，往往用訝異的眼神和表情細聽我們的「高見」，還說年輕人不妨吹吹牛，只要言之成理，能夠自圓其說就好。我們受到這種鼓勵，不但格外努力學習，抑且學而能思，不致一味給別人牽著鼻子走路。他又不時要我們試著用文言寫作，我由熟讀三國演義開始，已能寫比較順暢的文言文，也曾受到他的賞識，雖然這並不是我日後寫作的主要語言，但對於學習簡潔的筆法及章法的剪裁，仍具有相當的意義和價值。

方遠堯老師進一步地鼓舞了我研讀國學的興趣，使我在高中的最後一年便訂購了藝文印書館印的「說文解字注」，在學校課業餘暇捧讀，另外也選讀了不少古籍，包括四書、詩經、老莊和王充的「論衡」在內，這些書籍，對我的思想、文辭，乃至於想像力，都有很大的啓發及增益。

我從王老師那兒學到了多查辭典的好習慣，那時，我們的國文筆記，都是一半靠自己預習，一半記錄老師講的，高中時代，我更由不同老師的教誨中，擷取其菁華，效法其精神，思辨其理致，眞可說是左右逢源；再加日夕與古人及其他國度的文學家相對，更是如虎添翼，如魚入海。

那時我最樂意閱讀的書籍，大約有三類：一是文學性濃郁、文學價値較高的，其中包括各種小說、散文、新舊詩歌等。我閱讀它們的時候，往往不厭其詳，第一遍先看故事和大要，第二遍再深一層品味其中的人物、辭采和結構，有時更讀第三遍，則尋求言外之意，或比較它與眞實歷史的異同（如三國演義之與三國志）。至於第四遍，則可以說是隨心所欲、神遊其中了。

第二類著作是思想類的，它們足以增益我的思想深度和廣度，也可以訓練我的思考方法和邏輯運作。甚至同樣的「哲學概論」，也會因不同的作者和不同的眼光、取材，而給予讀者不同的營養和感受。我先求解悟，再探求其所以然的道理，有時在閱讀過程中遇到不少問題，我便把那些問號一個個儲藏起來，逐漸尋索進一步的答案，偶爾豁然貫通，其樂無窮。

第三種是綜合性的書籍和刊物，由歷史、地理、各種常識、軼聞和藝術到淺顯的科學書（其實它們也是廣義的「國文」讀物），我也不時涉獵，以增長見聞。這些書刊，在閱讀過程中雖然往往比較輕鬆，而且帶有若干娛樂性，但是也可以和前二類書互爲表裏，彼此補充。有時心血來潮，竟也能將它們匯爲一湖，左顧右盼，得意非凡。

至於閱讀的副產品，包括讀書心得、讀後感、書評，不但可以說是自己心血的結晶，也是進一步創作、研究的先聲。我在生命的歷程中，也曾得益於此不鮮。家藏的十幾本讀書札記，雖然看起來歷盡滄桑，陳舊得不堪回首，卻仍能使我隱約感受到當年辛勤而快樂的閱讀生涯。

我讀過的書本上都有很多藍、黑、紅的線條和符號（包括鉤、圈、點等），它們也可以說是我閱讀的「秘笈」，因爲經由這些自發自律的符號系統，我的閱讀更顯得有脈絡、有層次，而且複習或查閱起來也格外方便。

羅門、蓉子的文學世界學術研討會小記

本會議是海南大學爲國際知名詩人羅門、蓉子夫婦所召開，邀請多國及地區的學者、作家出席，雖然有些作家（如陳若曦）應邀而未能出席，但出席者均能對羅門、蓉子的文章（主要是詩和詩論）提出論文或發表意見，會後的旅遊活動中，仍繼續自由討論。

本人承蒙大會器重，應邀擔任開幕式的執行主席（另一位主席係由主辦單位本身推派），開幕式的貴賓爲海南省的「副省長」劉名啓（亦爲中文系出身，主管該省文教），致辭簡潔得體。第二場由大會主席周偉民教授（前海大文學院長）就主題發言二十分鐘，羅門、蓉子各發表詩的演講約二十分鐘，然後由本人作綜合的評論（二十五分鐘），比較羅門、蓉子詩的三同十異，博得全體與會者的共鳴及稱許。

首日下午第三場，實即正式論文發表之第一場，爲本人之論文「論羅門詩的二大特色」，計一萬餘字，稍稍超出大會原先的規定，被大家視作大會的主題演講。

此次會議中，若干論文頗有份量，如丁善雄先生的「論蓉子詩的世界」等，研討會學術小結人劉夢溪先生（中國藝術研究院中國文化研究所所長）的結論亦頗見精采。

此次會議之缺點有三：

一、因爲主題稍狹，主辦人半途辭去文學院長，故原來計畫邀到的學者專家有若干未能出席，大會不免爲之減色。

二、有部分論文水準不佳。

三、大陸辦學術會議往往不重視自由討論，本會議亦然；會後有不少與會學者均提及大會安排時間不盡合宜；三篇論文由一人講評，亦很不理想。

差可告慰的是：一、羅門、蓉子百分之百是台灣的詩人，使吾人對兩岸文化交流抱持更樂觀的展望態度，二、台灣學者如丁善雄、陳鵬翔、本人、唐翼明等，均有稱職乃至出色的表現，可謂有目共睹。（丁、陳爲師大英語系所教授，唐爲文大副教授）。

我們在台灣召開的國際學術會議，一般水準似稍高於大陸所召開者，此與民主作風及經費等條件均有關係。但針對一二現代作家作密集式的主題之會議，則尙不多見，今後亦應鼓勵此一方向。

大會之日程表及「與會者名錄」中，並未登錄海南省境內之與會學者名單，亦一缺憾。

此次會議參加者以大陸及台灣學者爲最多，充分發揮了兩岸文化交流的功能。（包括會後的懇切交談及互贈著作在內。）

海南雖在積極開發中，但因近月十分乾旱，水力發電大受影響，屢屢停電，酷熱難當，令吾人聯想起核能電廠之興建恐爲不可避免之事。

十一日「文學之旅」至東坡書院，又引發研究蘇東坡之學者唐玲玲教授及本人等在車上講論東坡的文學。

此次會議，得以會見大陸名作家韓少功、公劉、舒婷，晤談甚歡，亦一大收穫也。

煥發的隱晦

雷驤是一位著名的電視節目製作人。在他和他的那群朋友手中，本屬冷門的公共電視給予了廣大觀眾很大的信心。如今，他的文集——合散文與短篇小說於一的「青春」，也給予讀者一股信心。浮生的旅程中固多隱晦的跡象，藝術家的天職之一便是使之彰明煥發。大致說來，雷驤已經做到了八、九成。

這本集子以散文爲主。「青春」一篇一馬當先，也是最富代表性的作品。嚴格地說，這篇東西包含了三個部分：第一部分由一位步入社會才兩年的青年出發，寫到旅館女服務生被「耗費」的青春，構成一相當完整的短篇小說。第二部分爲一小小說：男子生惡瘤，妻子剪穿一隻蟾蜍；還有一個配角，十歲的鄰居男孩。最後，聳慄竟轉爲「喜悅」，一種詭祕的病人的喜悅。第三部分寫一夫一婦和他們的嬰兒，以及路上遇見的牧師與其三個女兒——她們都沒有出嫁。最後還有一位因爲有人替他拍照而刻意丟掉手杖的盲人。這一切都圍繞著青春這個主題。三篇小說合成一篇散文。其實這是一部近乎蒙太奇手法的紙上實驗電影！

最後一篇「奏鳴曲（春）」，更是完整到近乎無懈可擊的短篇小說，奧亨利式的，然仍不失雷驤一貫的沉厚風格。

雷驤的繪畫造詣（封面、揷圖俱出其手）使他在作品中醞釀了不少動人的畫面，也運用了豐富的色彩。意象的創塑甚至不弱於一位現代詩人：如「（那盲人）這才滿意地微笑仰頭，好像意識到那教堂的尖頂會從身後聳立出來的樣子。」同時，不僅人物刻畫頗細心，連一隻猴子、一隻斑鳩也摹寫得十分傳神。

他的語言也很新穎，如「（盆水）一閃躍進河裡」、「隱約著惡戲的表情」、「人人都有一張認眞知命的容顏……綻放出一股開疆闢土的神情」、「在他身上征戰出一種特別的素質。」但他並未刻意扭曲文字，製造怪誕和僻澀。他的文字中惟一可商榷的是把「底」字誤用爲「地」，如「奮勇底」、「不懈底」，不勝枚舉。

他的作品起頭和結尾都頗有變化，且又能注意全篇的結構，適度地節制其豐盈的感性。以風格而論，可稱之爲「現代的古典」。

「星空無限藍」的秘辛

藍星詩社是國內三大詩社之一，至今已有三十二年的歷史，但是始終沒有一本能夠代表全體詩社同仁的詩選，使一般讀者難以洞見藍星詩的風貌。因而摸象之事，時有所聞。

去年十月下旬，在藍星同仁的一次聚會中，終於決定編選一部大規模的「藍星詩選」，並推定由我和羅門主編，表決通過入選名單計十五人，原則上由各位作者初選，再由主編複選。同時請余光中作序。

羅門和我在會後即積極展開編選工作，不料大部分同仁固然通力合作，少數同仁卻由於旅居國外或其他原因，未能及時交稿，尤其女詩人夐虹（胡梅子）久久「按兵不動」，猶如「梅子黃時雨」，令人納悶。其間又有其他意見，於是在另一次會議中決定增選三人，合成十八將，由九歌出版社出版十八位「歌者」的歌聲！

十八位同仁中，已故者有二位：覃子豪與鄧禹平。覃氏的詩，由他生前的學生向明代選，後來我和羅門斟酌至三，只刪除一首；鄧氏的詩本不多，原擬由余光中代選，後因余氏事忙，請羅門代選。

國外的同仁五位，均居北美洲，其中夏菁為農業專家，做事頗有劍及履及的精神，按時交稿；其餘四位，或無回音，或近址不明，只好由我們代選。恰好我對黃用、方莘的詩相當熟悉，乃當仁不讓，爲二家挑選各十餘首，事後才想起：他們兩位都是我在師大附中讀書時的前後同學，眞是巧合。吳望堯的詩由羅門主選，我也參加了一些意見。羅智成的詩則由他在台的好友劉克襄初選，羅門複選。

此外，阮囊未選早期的詩，而且行數也略嫌不足，我乃代選「最後一班車」加入，正好是全集的最後一班車。商略的「靈犀」本有三節，其中一節，我和羅門都認爲稍弱，而且他的行數也略有超出，遂由我打長途電話給商略情商，略去其中的一節。我自己也乘此機會，把入選的「卡特，十一月四日深夜」一詩删去四行，使之比原作更緊湊。這些都是外界不知道的。

五月中旬一切敲定，六月中旬詩人節即出版問世，總算是差强人意了。六月十四日下午在耕莘文教院舉辦的出版酒會，情況也頗熱烈。

詩選署名「星空無限藍」是余光中的主意，正象徵了藍星與整個新詩壇的美好遠景。

我看魯迅

魯迅（周樹人，字豫山、豫人，一八八一——一九三六年）是中國有新小說以來第一位傑出的小說家，同時也是五四時期一位優秀、犀利的散文家與雜文家，作爲「中國小說史略」、「古小說鉤沈」、「小說舊聞鈔」等書的編著者，他又是一位有分量的文學史家。

如果說老舍、沈從文是三十年代的代表性小說家，張愛玲是四十年代的代表性小說家，魯迅便無疑是二十年代小說界的翹楚。而他的散文，爽朗雋永兼而有之；他的雜文，嘻笑怒罵，鋒芒逼人，他是中國現代文學史上任何人都無法迴避的一顆巨星。

他的主要精神和文學業績，也許可以歸納爲以下六點：

一、愛國家愛民族：他早年留日，學醫；但是後來深深覺得要救國必先救心，學醫只能救人身體，不是最要緊的，於是毅然改以文學爲終生職志。他在許多小說和雜文中對我民族、國家的批評，實際上都是基於此一動機。能破而後能立，知病然後得治。可惜他只活了五十五歲，而且環境也迫使他做了若干可能是徒勞無功的事，因而他的志業，也未能一一實現，這應該是他一生最大的遺憾。

二、對人性的批判：他的「阿Q正傳」，一方面固然是對中國民族性的局部呈示，一方面也是對普遍人性弱點的剖析：諸如懦怯、狡獪、陰險、迷信、殘酷、愚昧、吹噓、欺善怕惡、自我中心，魯迅也曾把農業社會中特有的懶散、虛僞、自卑、落伍，予以强調。然而，這些人性的弱點，不但「放諸百世皆準」，而且更可說四海皆同。魯迅針針見血的刻畫這些，其實不外乎表白一顆愛人、關懷人類的心！可惜，過度的熱中與激憤，或不免使他的本意未能全然見知於世人。

三、對傳統的批判：譬如「狂人日記」一篇，夏志清以爲「非常簡練地表露出作者對中國傳統的看法。」夏氏說：「魯迅對於傳統生活的虛僞與殘忍的譴責，其嚴肅的道德意義甚明。」此外如「藥」、「孔乙己」等，也都蘊涵强烈的批判，乃至辛辣的諷刺。相對地說，他對當時政治、社會的批判指責，在今天看來，反而是次要的了。或者說，那也可視作他傳統批判的一部分。

四、對政治、社會的批判：這項工作，除了在小說（如阿Q正傳）中有含蓄的展示外，在諸多雜文中更以較直接、較犀利的方式正面承擔，或一語中的，或百箭叢集，或以反爲正，或聲東擊西，這樣鋒利的文筆，在中國文學史上實在是罕見的。但是我們半世紀後的讀者，對於他的深摯宅心固宜仔細體認，對於他的偏頗與矯枉過正處，也不可輕易放過。時移世易，我們也許更能客觀地來評價他的一生言行。

五、出色的文學技巧：由於魯迅的才華、學問，以及他對異域文學的廣泛接觸，他的小說，不僅在內涵上是二十年代無人能比的，就是以技巧而論，也可說是超時代的異數。他的三十多篇中短篇小說（包括「故事新編」在內），以現代小說的眼光而論，都不失爲第一流的作品，不論人物塑造、情節結構、敘事觀點、時空處理、氣氛醞釀、對話、節奏，均頗講究，而又極少斧鑿痕（「阿Q正傳」等少數幾篇稍稍例外）。甚至到了八十年代，仍有不少篇是值得吾人當作短篇典範的。

六、對文壇的影響：魯迅在二十年代、三十年代的中國，可說是文壇上數一數二的人物，不論敬重他或反對他的人，都不能不正視他的成就和辭鋒。他擁有許多信徒，爲他推波助瀾；樹下不少敵人，與他針鋒相對；同時，最不幸的，他曾長期地爲中共所利用，以之爲左派文人的重鎭；不論生前死後，他常被拿來作爲宣傳的張本；其實，說魯迅是一個共產黨人，乃是小看了魯迅，矮化了魯迅！魯迅當然不是神，也不能算是理想的先知，但他至少是一位特立獨行的知識分子，一位愛國文人，一位人道主義者。

我們這一代的讀者，在戒嚴四十餘年之後，終於能看到「魯迅全集」在此自由民主的國土上重新問世，我們不能不感謝這個開放的時代！但願大家能以文學的眼光、歷史的眼光、民族的眼光、世界的眼光來看魯迅；如果仍然有人堅持以褊狹的政治眼光來「端詳」魯迅，那就未免有一點庸人自擾了。

大衆傳播與現代詩

現代詩雖然一度被視作一門與群衆隔絕的學問或「玩藝」，但是近十多年來，由於文化及社會的發展進度，已有更多的讀者接受現代詩——包括一些以往反對、嘲諷現代詩的人士在內，據我所知，有些年長的知識分子，因爲受子女或其他年輕人的影響，而逐步親近現代詩，認同或肯定現代詩。因此，這正是中國現代詩和大衆傳播媒體進一步結合的時機。何況，國外早有一些先例，現代詩可以用演講、朗誦等方式，透過各大衆傳播媒體向世人「進軍」。

現代詩可以經由四大傳播媒體向世人傳播，使人逐漸發生共鳴：

一、報紙——報紙的讀者最多，有的大報發行踰一百萬，讀者至少在三百萬以上，如果以副刊爲重心，則讀者可打個七折，亦在二百萬人左右。換句話說，如果一首現代詩刊載在大報的副刊上，便可能有機會獲得二百萬人的閱讀和欣賞。即使有的人只讀其中的幾行，也已發生了相當的「傳播」作用。當然，副刊不只可以刊登現代詩，還可以發表有關現代詩的評論及座談內容，對讀者發生誘導及教育作用。更進一步，我們希望報紙的其他部分——新聞版（如刊登新聞詩）、綜藝版、少年兒童版、家庭版也能時常有現代詩出現。

二、雜誌——一般雜誌的讀者雖遠不如報紙那麼多，但似乎更具穩定性及深入性。一首現代詩登在報紙上，若當天不看，以後也不容易過目了。但登在雜誌上就可能有半個月或一個月的緩衝時間。既然我們討論的對象是「大眾傳播媒介」，雜誌部分應指一般性的、綜合性的刊物，而不是詩刊、文學刊物（因爲它們登詩是天經地義的）。一般性刊物的編者會不會注意詩、重視詩，這當然是一個先決條件，假設我們社會上有一千種綜合性刊物，其中有三、四百種願意提供一部分園地給現代詩，那就很可喜、可觀了。假如有一天，連電視周刊上都在登現代詩、討論現代詩了，那豈不是極大的喜訊？「傳播」作用本身就像滾雪球一樣，只會愈滾愈大，關鍵是要有良好的條件和環境，我認爲目前現代詩的條件已夠，環境也大有改進，因此這方面的推展似可樂觀。

三、廣播——目前經常收聽廣播的聽眾雖大不如二十年前，但許多家庭主婦及若干特殊職業人士，仍爲廣播電台的忠實聽眾。若能有固定的現代詩節目播出，其影響力一定很大。即使在藝文或音樂節目中間或播出現代詩及現代詩的講評，也是好現象。

四、電視——電視的影響力不下於報紙，有時更超而過之。電視上若有固定的現代詩節目，而且安排在比較理想的時段，對現代詩的傳播及精緻文化的發展，都會有極良好的效果。目前看來也許不太可能，但事在人爲。我想最可能的途徑是在「公共電視」中闢一節目。我們也在此誠懇地呼籲：如果節目製作人能聘約一些名詩人、名學者、名作家或其他行業對詩有興趣的人士參與，此一節目照樣可以吸引很多觀眾。

至於利用大衆傳播媒體傳播現代詩的技術方面，可分幾點來說：

一、應在編排上講究美感，引人注目。

二、電台、電視安排的節目時段不宜太「冷僻」。

三、製作人要內行，至少是準內行，否則應請詩人或學者爲顧問，連節目主持人也要注意文學素養及氣質。

四、可由報紙、雜誌和電視台聯合作業——譬如今天在報上刊出的詩，今晚電視節目上由詩人自己朗誦、詮釋，一定能造成某種程度的轟動，至少不致受到廣大群衆的冷落。

五、電視播出時字幕製作要特別講究、謹嚴，否則差之毫厘，失之千里，反變成「詩災」了。

現代詩與其他媒體結合後，會使讀者對詩更有興趣，也漸能由入門而登堂入室，甚至自行創作。作者則更有信心，更有衝勁。同時作者、讀者的交流既大爲增加，也可以由若干有心讀者的問題和意見中反省自我創作的途徑，不過，過分的「曝光」也可能影響作者創作的精力、靈感及超然態度。這是必須預先防範的，詩人若變成了另一種電視明星，畢竟是得不償失的事。

文學是多樣態的

日前拜讀黃忠慎先生「小說不必艱澀」一文，覺得有不能已於言者。

小說作品故意寫得晦澀，就像把詩當作標奇立異的工具一樣，是不足取的。但文學史昭示我們：文學恆是多樣態的；愈是開放的社會，愈有各種不同類型、風格的文學作品誕生。試看有唐一代，有李白的俊爽豪邁，超逸不群，也有杜甫的沈鬱深厚，悲天憫人，同時還有王維的清麗恬靜，高適、岑參的沈雄遼闊，……現代英國小說家中，有喬伊思、吳爾芙夫人等的意識流小說，有威爾士、赫胥黎的科幻、預言小說，也有華渥等的半通俗小說，而葛林一人，便兼有圍繞著宗教與信仰主題的嚴肅小說，以及半通俗的「賭城奇遇」之類的娛樂小說，並行而不悖，甚至相得益彰。吾人大可不必厚此薄彼，或揚彼抑此。讓作者各寫所願寫，所不能不寫，而讀者也可以各取所需，各讀所欲讀，這樣豈不是兩全其美嗎？

兔毫寫兔心

「兔寶寶，叫爺爺！」我家的老二、老么——一男一女——在玩家家酒時，總喜歡指使他們的兒子——兔娃娃——這樣叫我。我是他們遊戲中的「兔爺爺」。

一點不錯。我是兔人，或者是「人兔」。今年四十八。

四十八歲？不，三十六吧？也許竟是二十四。（說十二歲畢竟太不像了。）

一點也不像。不像四十八。童心未泯，「入世」猶淺。不過，有時心境也像六十歲。有點杞人憂天，有點「替古人擔憂」。

去年，我出版了兩本散文集，一本詩集「百人圖」，與羅門合編了一本藍星詩選，又編選了一部「隨園詩話精選」，寫了一百零幾首詩，四十一篇散文，還有兩篇學術論文，十二篇批評文章。也算是一場豐收。

今年呢，希望出一本散文（草綠色的），一本詩（天藍色的），一本短篇小說（鵝黃色的），創作詩百篇，散文小品五十篇，小說兩篇以上（這方面不要再交白卷）。外加文學批評十篇。也就心滿意足了。

兔子有三大長處：一純潔，二迅速，三多才多藝（善變化）。古人說「狡兔三窟」，我願與文壇藝壇的兔友們共勉：做一隻出入「三窟」的良兔。天空無限藍，兔子渾身白！

文學獎的省思

近幾年來，文壇上最顯著的現象，除了女作家當令之外，便要推文學獎的盛行了。這可說是經濟繁榮、文化發展過程中的一種自然現象，但它的影響卻值得吾人省思和探討。

它的正面意義有四：

一、鼓勵有志寫作，也有才華的作者，尤其是年輕的作家。他們衝勁足，但也容易遭到挫折，甚至灰心氣餒、轉向他途。文學獎的設立，雖然不完全是爲了年輕人，但對他們的鼓舞及督促無疑是很重要的。

二、對已有成就的作家作一公開的肯定，這也可以說是爲未來的文學史家鋪路。

三、對讀者可以發生若干導引作用。

四、普及文學，使社會乃至政府更重視文藝作家及作品。

但是它的流弊也有四項：

一、有的作家——尤以年輕作家爲多——爲了參加文學獎而寫作，好像得獎揚名，才是寫作的最大目標，導致本末倒置。

二、有的「作家」寫出一篇佳作而得獎後，從此戒慎恐慌，唯恐第二篇水準不如得獎作，反而形成寫作上的一種心理障礙。所以有「一獎定終身」之譏。

三、爲了得獎，迎合評審者的口味而寫作，乃至失去了自我的風格，這樣的作者將來當然也不容易有遠大的前途。

四、讀者因太注意文學獎的得獎作家及作品，而形成品賞和購買時的一窩風現象，使文壇上的成就與「報酬」（包括精神上與物質上的）產生了不平衡的病態，而且可能愈演愈烈。

這些流弊如何防範和矯治？則有待有心人士共同思考與努力了。

孟浩然的人與詩

盛唐名詩人孟浩然（西元六八九——七四〇），對於山水田園的韻趣，固然能入乎其中的賞玩，對於友朋的怡樂，僧道的超逸，也終生吟詠和追慕。就這一角度看來，他眞不愧爲一位得天獨厚的高士。

但是他在嚮慕隱逸生活之餘，仍然心存魏闕之念：一則是那種入世的上進心使然，一則也由於自己的一種抱負，而知音寥落的感受，尤使他心理上負荷不起。他的素志，是希望能做到像西晉的羊祜那樣——宦途順利而不失隱者之趣。

他對於仙佛的傾心，也許是由於這兩者都是以與大自然冥合爲終極理想的，也可能是出自一種逃避心理——起因於現實上的長期不得意。

他自承是一個儒者，但又以爲儒家與佛家也有其「同調」之處。他可說是中國文學史上一個頗具代表性的典型——徘徊於仕隱之間，欲圖超脫而又有所眷顧；他既有似於陶潛、王維的地方，卻也不同於「歸去來辭」作者那樣瀟落，或像摩詰晚年那樣索興皈依佛法，一掃塵雰。他追尋，他失望，於是繼之以逃避——以及另一種幽微的追尋。

他的詩風，猶如他的遊蹤和生活，是眞實的，也有飄忽之感；是明淨的，也不乏波瀾的起伏。

他所擅長的是五言詩，跟王維一樣，但有時卻能流露出一種後者所少有的古趣。所以他的若干寫景和詠懷作品，會使人聯想到魏晉詩風。

陸游說襄陽的五律後四句「率覺氣索」（跋孟浩然詩集），可說是獨具慧眼，像「途次」一詩的後四句，就大乏「況在他山外，天寒夕鳥來。」（頷聯）的風采。但放翁所舉「歲暮歸南山」的末句「松月夜窗虛」卻自有其餘韻。

他的律詩大抵三四句稍疏淡，五六句轉稠密。如「與諸子登峴山」、「歲暮歸南山」等都是；偶有例外，如「望洞庭贈張丞相」；而且三四多流水對，如「除夜樂城逢張少府」、「晚泊潯陽望廬山」、「南還舟中寄袁太祝」等。

沈德潛曾說「王右丞有其（陶潛）清腴，孟山人有其閒遠，儲太祝有其樸實，韋左司有其沖和，柳儀曹有其峻潔。」他給別的四家評語都很中肯，只有說浩然「閒遠」，孟氏未必全然當之無愧。

羅門蓉子詩比較

羅門、蓉子夫婦，爲馳譽國際的中國詩人，本文僅以簡約的方式，論述二人詩作的異同。

他們至少有三同：

一、同具博大的人道情懷，流露一種大我之愛，且關懷人類的命運。

二、是現代詩人而兼具若干浪漫情懷：兩人之爲現代詩人，是有目共睹、無可爭論的事實，但他們卻仍保有浪漫主義的某些情懷，譬如對英雄的崇拜、熱情的洋溢，乃至水仙花式的自戀。

三、善用譬喻，喜用比喻：羅門的比喻多采多姿（詳見拙作「論羅門詩的二大特色」），蓉子亦常用比喻。

相對地，他們的詩至少有十一異：

一、羅門主要是一位陽剛的詩人，氣勢磅礡，元氣淋漓。雖偶作抒情小品，亦每嫌婉約之致不足；蓉子則爲一婉約風的詩人，但亦有不少柔中見剛、婉中出豪的作品，一如宋代之李清照。

二、羅門的作品以長詩及組詩「第九日的底流」、「都市之死」等爲重鎭，小詩、短詩，實非所長。蓉子雖亦不乏長詩（如「七月的南方」、「彩色世界」等），但是她所擅長的是十多行到二十多行的短詩或中度詩，這樣的篇幅正宜于她的抒情格調。

三、羅門具有相當强烈的前衛色彩，可說是藍星詩社最「前衛」的詩人，蓉子則反是。

四、羅門詩具有豐富的思想性，（詳見拙作「論羅門詩的二大特色」），蓉子詩中當然亦有思想，但相對的較爲單純。

五、羅門詩中時有詭異譎變之作，蓉子則極少此類作品。這與前衛精神自然有關。

六、蓉子是一位虔誠的基督徒，詩中時或流露有關的宗教訊息或虔敬情思，羅門則沒有正式的宗教信仰。但羅門有另一種宗教：即對詩和藝術的狂熱信仰及愛慕，始終如一，生死以之，其虔誠恐更勝於一般信徒之於宗教。

七、羅門時有大開大闔之筆，蓉子則往往採用細水長流的表現手法。

八、羅門詩中富有批判性，蓉子則以「擁抱」世界爲主，批判之作雖間或有之，卻不是她生命中的主流。

九、羅門的作品常有「無我」的傾向，至少隱藏了小我，（早期作品例外），頗合艾略特之詩觀；蓉子則以「有我」爲主，而且常採第一人稱寫法，有時表面上用「你」、「她」，其實仍是意指自己。

十、羅門不時展現多元追求的傾向，可說是「藝術上的多妻主義者」，蓉子反是。羅門對各種其他文類、繪圖、雕塑、音樂、建築、舞蹈等，均有所傾心，且隱然有熔之一爐的野心。

十一、蓉子所受的影響以中國古典傳統及現代中國文化爲主；羅門則以西方的影響爲更顯著，不過近年來他已漸有轉變的現象，即中西兼包，日趨中庸之道。

鬼電影與鬼故事

孔子雖然是兩千多年前的古人，他在論語等書中留下來的言論，就一般現代中國知識分子的立場來看，除了少數已不合時代取向外，大部分仍足作爲吾人立身行事的準則，至少値得吾人深思。

孔子說過：「未知生，焉知死。」而且終生「不語怪、力、亂、神。」使人衷心服膺這位偉大人文主義者的智慧。

但是到了二十世紀八十年代，一股奇異的歪風突然吹襲大半個地球：鬼電影大告流行。

中國電影——尤其是香港的國片——界，自三年前以來，即大批出籠鬼片，而且頗爲賣座，尤其以僵屍爲主要角色的影片，大發利市，弄得一般影商趨之若鶩，如今「高潮」雖過，餘波猶且盪漾不已。英美電影界中，近年亦多鬼怪、屍變的影片推出，外加狼人片爲輔，甚爲猖獗。

分析這種鬼怪片的盛行，其原因不外三端：

一、在動亂的世代中，人心往往徬徨無依，乃產生一種逃避心理，武俠小說與鬼電影，均爲此一心理所助長。

二、物質生活日漸充裕，精神生活相對空虛，因此聊以鬼怪影片消解無聊之情緒。

三、當代人類缺乏積極而普遍的思想主流，因而怪、力、亂、神紛紛出籠。

仔細檢視中外鬼怪片的內涵，委實令人失望：

一、國片中的鬼怪、僵屍，傳奇色彩頗濃，劇情往往著重在驚嚇、追逃、作法收妖（鬼、屍等）等節目上，了無新意，甚至陳陳相因，換湯不換藥，除了部分較幼稚觀眾（包括少年孩童）外，似乎很難持久獲得廣大群眾的認同。

二、西片中的鬼，往往是變態的屍體。屍身上流出許多令人惡心、嘔吐的蛆虫或血漿、變形的器官等，既嚇壞劇中人的膽，也使部分觀眾忍不住發生怪叫。這種影片裏有時也包括以法術捉鬼、伏屍、平妖的情節。

三、它們都缺乏言外之意，或正面的啓發意涵，連象徵性都告缺如。

電影界應該痛切的反省，改以有意義、有藝術價值（鬼片中偶有佳作，如「倩女幽魂」，但亦訴諸不少特技鏡頭。）的影片取代之。

與此有關的另一現象是：鬼故事、鬼小說的流行。近一年來，不但雜誌、單行本推出不少鬼故事，連報刊也一一跟進，連載或選刊鬼怪故事，弄得到處鬼影幢幢，陰風颯颯，上焉者改編聊齋誌異等古典文學名著，尚有其反映人性的藝術價值，下焉者只爲取悅讀者，賺取稿費而作，顯然已違反孔子不語怪力亂神的人本精神，使讀者及廣大民眾不知不覺被導引進一個恍忽迷亂的世界中，而馴致整個社會心靈逐漸淪入虛脫的狀態。

拍鬼電影與寫鬼小說，不是絕對不可為（古人如蒲松齡、紀曉嵐、袁枚等都有此類著作），而是必須有正面的動機，藝術化、人性化的呈現，總之，其製作者應向歷史負責！

談祝壽論文集

近十餘年來，國內學術界日益流行爲前輩學者出版祝壽論文集。

此類論文集多由高壽學者的弟子們集稿彙編而成，或請出版社、圖書公司出版，或由執事者集資刊行，其內容皆爲學術論文，純屬祝壽頌德者極少（有時每部論文集之卷首加附一短文，以表尊仰之意），所以，它們是學術論文集而非「祝壽文集」。

據我所知，各大學院校所主編的此類論文集最多，其次則爲獨立的研究機構如中央研究院等所編。舉例言之，如吳大猷先生、臺靜農先生、毛子水先生、蔣復驄先生、屈萬里先生、鄭騫先生、王夢鷗先生、張金鑑先生等，均有此類「壽慶論文集」，各在他們七十、八十、九十乃至九十五高齡時問世。

參與著論者除及門弟子外，尙包括同人、好友及子弟（如臺益堅先生爲臺靜農先生嗣子，亦列稿於臺先生八十壽慶論文集中），可謂盛哉漪歟。且執筆者十九爲正副教授、正副研究員或碩學名士，偶有少數講師、博士班研究生的作品，只能算是「附驥」。

因此，這種論文集自有其學術上的價值。執筆者由於私誼，每將一年中最好的論文應徵，故其分量殊為可觀。最厚者達一千多頁，一百萬字左右；莘莘學子，或須傾數月之功，始能一一研讀清楚。

綜而言之，這類論文集有三種優點：

一、顯示尊師重道的美德良規；具有廣義的學術傳承的象徵性意義。有些學術界大師或耆宿，不但本人研究大半生，且廣植桃李，作育英才，今藉其壽誕，由各門生呈示其不同的研究成果，對老師來說，實是莫大的告慰。

二、可以督促若干有學問而不熱心研究、著述的學者；由於此類論文集之徵稿，意義非同尋常，有些久無論文發表的教授，亦乘此重操舊業，再現「眞章」，使執事者及關心其事者為之欣慰鼓舞。

三、許多精采、深厚的學術論文「會聚一堂」，使讀者有目不暇接之感，等於是某一範圍學術界的一樁盛事或一場豐收，比起以往集資歡宴式的祝壽，其意義、其價值實在不可同日而語。

但是這類壽慶論文集也有兩個小小的缺點：

一、以祝壽為目的，故發行往往不廣泛，時間過了以後，出版社或置之高閣，或不復發行，這是非常可惜的事情。

二、由於篇數很多，而各家專長又不盡相同，同一部論文集其實橫跨幾個學術領域，讀者參考時略感不便，收藏之際，亦或感躊躇。最好能由主事者另按內容，選刊分類抽印本，如文學、語文（小學）、思想、歷史、考古人類學等等，庶幾有利後學者之研究參閱。

如能妥善運用，祝壽論文集自有其不可抹滅的價值；否則，便不免「浪費」了許多學術財富！

我看「河殤」

如雷貫耳的「河殤」電視影集，已變成年來國內大陸熱的有力象徵之一。日前終於有一個機會目睹全部六集的「河殤」。

看了以後，不禁嘆了一口氣：聞名不如見面！失望七分。

爲什麼呢？

我本來以爲：由金觀濤這樣的名學者（他和劉青峰合著的「興盛與危機」是一部很有份量的文化社會史論著）擔任顧問的「名片」，應該是很有深度、視野也很開闊的。看完全集，才覺得自己事先未免把它高估了。

「河殤」的缺點可以歸納爲六點：

一、內容略嫌鬆散，有些部分似乎爲了湊足一集的長度而一再拖延，大同小異的陳述與議論使人感到冗長而不耐：尤其第四、第五兩集，實在可以合併爲一集。

二、對於中國民族及文化傳統的批判部分，照理說應該是本影集的重心所在，可是「河殤」裏卻展示了一些奇怪的觀點。譬如龍這種動物，在中國文化跟西方文化裏根本是截然不同的象徵，本影集中說到龍時，竟完全從西方人的觀點，說它是形象兇暴的，是專制暴君的化身等等，而完全不顧易經中所說的「潛龍」、「見龍」、「飛龍」以及孔子所說的「老子其猶龍乎！」或「神龍見首不見尾」等旨意。這顯然是一偏之見！

三、「河殤」中對中國人的眞正缺點，如自私、虛僞、死要面子、形式主義、公私不分、情理不明等，都沒有作深入的探討，甚至連提也沒提到。難道製作群連魯迅的小說都沒看過？

四、有些地方不免斷章取義：如提及王陽明時，不說他哲學的精義及積極的人生表現，一味說他「格竹」、靜坐，這豈是眞正陽明思想的精華所在？

五、自相矛盾：如一面說「中國人不知選擇歷史」（意即中國人只會任歷史或命運擺佈，缺乏主動性），一方面又强調中華民族富有包容性，能消融其他的文化及思想等。這種矛盾，其實不止一兩處。

六、節奏感有不足處：雖然製作群投下很大的心力，有些鏡頭彌足珍貴，偶爾還有蒙太奇手法的運用，但整個說來，節奏感的控制實在不夠理想，如首集節奏嫌太快速，因而更顯得重心不穩定，讓人抓不住要點；四集以後，節奏又不免太緩。錄音效果也不好，有些受訪學者的話根本聽不清楚。

當然，「河殤」中對大陸政權的缺點和流弊，有相當大膽的批判（因而此一影集一度在大陸被禁），實在頗具道德勇氣，值得吾人欽佩，而全集所展現的愛國情操，亦是值得我們效法的。

水滸三十六將

水滸傳一百〇八將，是國人耳熟能詳的，現在我試著用動物來比擬其中的三十六將。

宋江是一頭老狐狸。眞仁眞義少於假仁假義。

盧俊義是麒麟，有世家子弟的風範。

吳用是兔子——別忘了「狡兔三窟」；表面看來他是斯文的書生——「靜若處子」。

公孫勝是一條神龍，變幻莫測。

關勝是大熊。他威武而冷靜。

林沖是一匹豹。相當斯文的花豹。

秦明是公雞，常常怒髮沖冠。

呼延灼是大象。

花榮是狼。

柴進是大鵬鳥。一飛沖天，不飛亦足以展現威嚴。

李應是猛鵰。

朱仝是狽。

魯智深是老虎。

武松是獅子。有時威猛、有時威而不猛的獅子。

董平是水牛。

楊志是犀牛。

索超是蟒蛇。

戴宗是鹿，跑得奇快。

劉唐是老鷹。

李逵是四不像。頭似鹿，尾似驢，背像駱駝，蹄像牛，凶猛如虎豹。正可以用來象徵他的孝順、忠誠、憨厚、魯莽和凶猛。

史進是竹葉青。

雷橫是駿馬。

李俊是游龍。水滸後傳裏即推他爲王。

阮小二是鯊魚。

張橫是鯨魚。

阮小五是鮫。

阮小七是鯇。
解珍是兩頭蛇。
解寶是蠍子。
燕青是燕子，靈巧善機變。
侯健是一隻猿猴。
陶宗旺是九尾龜。
白勝是老鼠，既會鑽，又會溜。
時遷是跳蚤，老是在樑上跳來蹦去。
段景住是獵犬。靈活，嗅覺敏銳。
童猛是大蜃。
其他諸將，留待高明品題。

國語文學術研討會側記

本月十三日，全省國語文學術研討會在台南師院舉行，我應邀擔任論文講評，一早便由台北出發南下。

下午一點四十分正，會議正式開始。開幕式由於教育廳副廳長公忙未能赴會，由南師的張代院長主持，教育部的一位組長及另一位資深教授亦代表教育部與來賓致詞。到會者約百人左右。

兩點正，由師大教授王更生專題演講：「從媒體使用看孔子的教學藝術」，內容主要為引述論語的記載，分析出十種「教學媒體」（其中若干項似可合併），並進而闡述其教學的手法。王先生侃侃而談，不時插入親切的笑語，以博一粲。到了三點十分光景，演講告一段落，並賦予六項結論，他特地留下二十分鐘供與會人士質疑及討論。地主之一的周群振先生即席提出兩點意見：

一、王更生在第二節討論「禘自既灌而往者」一章時，曾說「孔子主張尊君卑臣」，周群振認為用語太重，容易引起誤解，最好改說「孔子重視大一統的體制」。

二、王更生在討論孔子接待師冕那一章時，曾說子張懷疑老師為什麼對一個瞎子樂師那麼殷勤，因而才問：「這是跟樂師講話的方式嗎？」似有質疑於孔子的嫌疑，周先生認為不妥：子張之問，只是不敢十分確定自己的體認，希望老師加以印證而已。王先生回答道：兩個意見都很好，可謂旁觀者清。接著李道顯先生也就「斯人也而有斯疾也」及「原壤夷俟。……以杖叩其脛」二章提出疑點。前者，王更生的解釋是：疑有脫簡；對後者則說：孔子對老朋友的動作是半認眞半開玩笑的。另一位先生又加以補充。王先生以最佳風度向發言者致謝，並說「你幫我解了圍，使我下得了場……」遺憾的是：這篇論文與會議的主題關係稍遠。

休息半小時，茶敍時我又認識了一位新朋友建中的賴慶雄老師，他是新詩的忠實讀者兼作者，也遠從台北趕來參加盛會。

第二場是論文發表會，四點開始，由新竹師院的范文芳先生宣讀論文「從史記看司馬遷在語文運用上的技巧」，地主龔顯宗先生宣讀「詩筏餘波」，劉漢初先生主持，我擔任兩場論文的講評。二位主講人各宣講十五分鐘後，我依次提出個人對二篇論文的意見，基於我一貫的作風，我幾乎未說一句客套話，對關於史記的論文提出八點修改意見（其中二項其實只是我對史記、漢書文章的批評比較，並非范君論文有何錯失）；接著又陳述「詩筏餘波」的問題七點，一共花去了三十分鐘，打破個人在學術討論中的先例——以往我都是十分守時的，這一天卻逾時十分鐘，好在我已力求精簡，故對在座師生並無愧疚。二位主講人也許因爲我比他們年長，更可能是他們對學術抱持虔敬的態度，除龔兄輕描淡寫答辯一二句外，范先生全部接受，還一再對我表示謝意，使我十分感動，比起某些一味不肯認錯，强辭奪理，甚至含血噴人的「學者」來，他們委實可敬得多。接著有三位先生發言，他們的意見也頗中肯綮，足以補充我之所未及。

可惜因爲翌日一早我在台大有課，故匆匆離場北返，未能繼續參與第二天的會議。歸途中，我對自己說：不虛此行！

兩本德華辭典

二十五年前，我剛就讀台大中國文學研究所，按規定必須選修第二外國語兩年，我在經過一番考慮後，選修了德文，從語言專家顧華教授學習。兩年下來，已粗見門徑，又自動修讀第三年，三年之後，居然已能以英德對照本翻譯里爾克（R. M. Rilke）詩。在那段學習過程中，我所藉助的字典，除了一本簡明的英德字典外，便是亞東版的「德華標準大字典」了。

不料二十多年後，我又讀到另一部更大型的德華辭典，那就是開拓出版社的「德漢大辭典」。多日翻閱之後，我發現這部新辭典有以下八個特色：

一、字體較大，清晰遠勝過「德華標準大字典」，尤其對像我這樣既近視又老花的讀者來說，確實方便不少。

二、收字更多。

三、所錄辭彙、成語也更多。如Erst一字下，「德漢大辭典」所收Erst wägen, dann wägen!即為「標準大字典」所無。此語德漢辭典譯作「先思後行！」自屬妥貼，似亦可以譯作古語「三思而行」。

四、中譯文字更順暢自然。如 Erstarken 一字下，「標準大字典」的第一義解作「變爲强壯」，「德漢大辭典」則譯爲「變得强壯」，雖只一字之異，卻顯得更順口。而且在中文譯義之前有【雅】的標誌，表示這是文學作品中或典雅語文中所用，而非通俗的口語，對讀者造句、作文、讀書均有指示作用。有時更注明「按形容詞變化」等。

五、在內容方面，「德華標準大字典」在「內容介紹」中特別强調此書注重理、工、醫方面的詞彙，「德漢大辭典」亦未減少，如Diözie一字爲「雌雄異株」、「德漢」在此四字後更注明「（跟Monözie相對）」，使讀者收舉一反三之效。

六、同一字的意義，有若干實例可看出「德漢大辭典」所收的更豐富。如Diplomatie，標準大字典只收二義，德漢辭典便收入三個意思，其中「②外交使團（總稱）」爲前者所無；③【轉】外交手腕，交際手段，權謀。」亦較前者的「2，【喻】巧妙之應付，精巧之計算。」爲妥切清楚。

七、「德華標準大字典」偶有釋義不當者，「德漢大辭典」已正其失。如 Intension 一字，前者作「意向、目的」、「計畫」解，後者則解作「【哲】（內心的）緊張……」，另有 Intention 一字，才解爲「意圖，企圖，目的，打算……」又在Kurven之下，前者除複合詞外，並無一解，似不能單獨運用者；後者則有「（車輛、飛機）盤旋前進」、「急轉彎」二義，亦補正前者之缺漏。

八、兼列副義或有關詞語：如 Einen Kursus anstzen (abhalten, beschen)：「安排（舉辦，聽）一課程」，可謂一鳥三石。

一介一夫一念

評介復興版「增編成語典」

近年來國內各出版機構，競相出版大型辭書，但專收成語並加詳細詮釋的大型辭典，仍甚罕見。最近繆天華教授等又將十餘年前初編的「成語典」擴大、修訂，完成「增編成語典」一鉅著，共一千三百餘頁，都一百餘萬言，收入一萬四千多個成語，比原編增列二千餘則，若干原有的成語，其源流考據也予以增添訂正，成爲國內最大型的一本成語辭典，不僅對一般讀者有很大的幫助，即使學有專長的學者，也可以藉此查考故典，解決疑難，而廣收事半功倍之效。

此典最大的特色有五：

一、收錄成語最多：如一字部自「一介」、「一夫」、「一念」以下，計收五百多則，到「一葉浮萍歸大海，人生何處不相逢」爲止。可謂應有盡有。

二、考查源流最詳切：書中不但儘量列舉某一成語最早的出處文獻，而且該成語在歷代演變中的各種異義歧形，也都加以釋示。譬如「每下愈況」、「每況愈下」兩個成語的變化及分歧，便有仔細的交代及分辨。常人或以爲「每況愈下」爲誤用語，若參看此典，即知其實不然，證據確鑿，不容辯駁。

三、雅俗兼收：這也有兩個意涵：譬如頁七二二上欄兼列「毋意，毋必，毋固，毋我」，是論語子罕篇記孔子言行者，以及「母狗不掉尾，公狗不上身」則是金瓶梅上譏罵淫婦的話，一雅一俗，一高一卑，相去不可以道里計，但在學術的殿堂上，它們自可泰然同列而不覺其尷尬。同時，在源流的抉示方面，也是如此：同一則「桃紅柳綠」的成語，先引王維田園樂詩，再引元曲傷梅香，末引金瓶梅四十八回，眞是一視同仁，並彰語意。

四、訂正其他辭典的錯誤：如「三日不讀書，語言無味」一則，大漢和辭典謂出自世說新語，其實此語本出於宋代的黃庭堅（山谷），怎麼可能見於六朝的世說一書？原來它記載於明人的「世說新語補」言語篇中，「增編成語典」便訂正了不少這一類的錯誤。各位編者在翻書、查書方面所下的苦功，可以推想而知。有些很偏僻的書籍，在編者上下窮索的情況下，也一一引入。上自經典，下至筆記俚書，均不肯遺漏。

五、特殊字詞均加注音，尤其破音字部分，更留意註明，可以便利讀者讀書寫作之用。在增編本中，又加刊注音符號索引，對年輕的讀者大有助益。

不過辭典之作，百密一疏之處自不可免。譬如全書標點符號雖力求周延，但仍有若干引號漏排：「百代文宗」一則引晉書陸機傳：「唐太宗制」四字似應外加括弧（原文爲「制曰」），否則容易引起誤會；「燃眉之急」一則，所引「故事成語考」中語「謂燒眉之急」，「燒」應作「燃」。同時行文採淺近文言，雖然多半易解，有的幾與白話文無異，也不如採用純語體爲佳。

朱沉冬追思會小記

六月十日上午，台北的黃梅雨仍毫不留情地落著，一場八十人左右的聚會，在羅斯福大廈的九樓文藝協會會址舉行。

詩人畫家朱沉冬兄，上個月十八號因爲肝癌宿疾逝世於高雄，享年五十七（我一直以爲他今年已六十了），這場由文協、作協等四單位主辦的追思會，允爲老友們的一點心意，作了一個象徵式的「演出」。

首先由詩壇前輩鍾鼎文先生說：與他四十年的交誼雖然有限，對他的俠骨義氣卻印象深刻。之後的幾位文友、畫友，也都回憶、表揚他待人的熱誠、天眞、親切，爲藝術與文藝教育而獻身的熱情。

畫家李德先生一開頭就說：

「沉冬兄本來就不是屬於這個世界的，如今走了，對他來說倒也好。」

這是一段既感性又理性的話語！

朱先生在南部從事文藝教學，比大學裏的老師還熱切、認眞，影響力似乎也更大。他的高足之一郭小姐以悠緩、清冷的語言追述老師的一生，最後更以藝術生命的永恒作結，可謂情詞俱勝，全場爲之默然久之。

接下來由趙天福朗誦鄭愁予所寫的一首悼詩「你以愛為神關懷世人，神卻把死賜給你」，愁予以自然的口吻，散文的筆法，憶昔說今，把沉冬其人和兩人的交情都刻劃無遺，可以視作一首散文詩。朗誦者木拙卻有力的聲調，更給人相當的震撼感。

接著由詩人辛鬱、瘂弦、彭邦楨、管管、碧果及王東海等朗誦沉冬的遺作，其中「母親」、「致林泠」二詩，尤有意致。我們似乎在那些盪漾於斗室中的詩句裏，重新看到沉冬的面貌和微笑。

最後由沉冬的夫人致答辭。

她落落大方的說：「感謝這麼多沉冬的好朋友到這裏來為他開這個追思會，眞是過意不去。不過沉冬這個人自高自傲慣了，他一定覺得這個會是應該的。在我，總覺得痲煩大家不好意思。剛才聽到各位許多懷念的話和對他的溢美之辭，沉冬如果也能夠聽到，一定會很高興的，因為他一向喜歡聽好聽的話（意指對他肯定的話）……」

這是一位深深知心的妻子的話，如此平易，如此坦率，甚至在她說沉冬「自高自傲」時，還情不自禁地流露出一些微笑來，令我分外感動。這位嫂夫人，我從來沒見過，但這樣眞切的話語和表情，卻使我久久難忘。她顯然跟沉冬兄一樣，眞率而毫不虛偽。這樣地面對文友畫友，比哭哭啼啼更得體，更有大家風。

我一共見過沉冬七八次，其中談話較多的不過兩三次，但我認為他不但熱情、親切、忘我，而且更有一種超世俗的平和——也許這代表了晚年的一部分心境，跟大家所提到的——他因口吃而帶出來的一份激越神情，一點也不矛盾。他是一個凡人，也是一個超凡俗的詩人、藝術家，不時神遊於另一境域，這使他心平氣和。

到了另一個世界，他也許會格外「溫柔敦厚」！

人才與知識分子

最近讀到大陸學者何博傳的專著「山坳上的中國」（國文天地台版），由此二十餘萬字的文獻中，看到許多當代中國問題的報導及剖析，不禁興起於我心有戚戚焉之感。

其中包括經濟、農業、工業、人口、環保生態（如森林的過度砍伐等）、教育、文化、人才外流及社會、政治（如「官冗之患」）各方面的問題。他在有關人口問題的一章中，特別指出四大危機：一、年輕型人口結構的就業危機—大陸十四歲以下的人口至今仍占百分之三十三以上，將來一定會導致嚴重的就業問題，其老少之比跟世界各先進國家相較，都不成比例。二、生育率仍偏高。三、男女比率不平衡，女嬰喪失率甚高。四、敬老傳統日益喪失。在在顯示大陸人口品質及數量的重大問題。其中第四點亦爲我們台灣地區的問題。

在第十七章「一堵高牆」中，作者運用統計數字明白展示中國大陸「缺乏知識，缺乏人才」。由中國人的聰明才智與海外中國人的重大優勢說到大陸由於教育、社會、政治、經濟等因素，已造成嚴重的缺乏人才問題，譬如全國平均六八一九頭牲畜才有一位畜牧專門人才，一五九個鄉鎮企業才有一名專門人才，都顯示驚人的失血症狀，如此這般，大陸的農業、工商業如何能起飛、發展？大陸受過大學教育的人只佔總人口的千分之六强，比起美國的百分之十二來，相差二十倍（按台灣地區應有百分之二十以上）。因此，大陸人甚至把中學生也叫做「知識分子」，令人失笑，可悲亦可嘆。

爲什麼會這樣？一、貧窮。二、社會不重視知識分子，按其中的肇因之一是知識分子賺錢少，大學教授的收入還不如計程車司機。三、人才外流。四、知識分子的處境始終難以改善，政治上的禁忌和仇視更形成一堵死牆。五、知識分子本身所具有的怯退的個性，甚至由講究「骨氣」墮落到混生活。六、農民的妒忌、不識大體，有意無意杯葛、排斥知識分子，並遲遲不能覺悟知識與智慧對國家現代化與社會進步的重要性。

作者述今鑑古，更旁觀側試，把問題以立體化的方式揭示出來，令人由衷感佩。而他能暢論所知，無所忌憚，更不失爲一流知識人的典範。同時他所展現的廣博知識和寬大的視野，也不是一般的野史家者流所能企及的。

大陸問題本來是千頭萬緒的一張大網，有時甚至是深不可測的一個淵藪，這本「山坳上的中國」以深厚的功力爲我們展陳了一幅圖像，比起電視影集「河殤」來，後者只能算是「抒情小品」。

當今之計，我們了解大陸，比了解世界還要迫切，這本「山坳上的中國」，便是一部極出色的參考書，願有心人都能以莊重的心情細讀此篇。

他山之石可以攻錯。何況就文化、民族的立場來看，「他山」實即此山。

破得莫名其妙的中文

中國文字本來是既優美又變化多端的，但是近年來，由於歐化或日化文字的流行，社會上常用的中國文字似乎已經越來越「破」、越來越奇怪了！

日前某晚報上特別選載了一些國民黨文工會的宣傳文獻——據說還是爲了打贏年底選戰草擬的，其中居然充滿了扭曲、不通、莫名其妙的文句，令人嘆爲觀止！我不禁私下設想：如果我是一個民進黨員，捧腹大笑之餘，一定會興奮快樂得三天三夜睡不著覺！

近年來的人文學術界，也充斥著這種似通非通、似洋非洋的文字。分析起來，它們至少有五大特色：

(1)文字特別長，長得像老太婆的裹腳布。

(2)隨處插入若干新名詞或翻譯名詞，看來很時髦，就像裝了假睫毛的女人。

(3)文法、邏輯一團糟。

(4)歐化句法多，有時還有日化句法。

(5)不容易看懂，並且讓人懷疑作者自己到底懂不懂。

據我所知，不少大學文學院的年輕教師，自己的文章固然如此，還要把它們傳播給研究生或大學生，弄得這種頹風日趨嚴重，有的人似乎還以別人讀不懂他的大作爲傲哩。

語言文字本是一個國家、一個社會最重要的溝通工具，當一個社會流行一種混亂、扭曲、難以理解的文字模式時，很可能反映這個社會已經有了某些精神上的病態，這是深深令人擔心的。

所以在此我要以一個資深的文學及語文教師的身分向社會大眾呼籲：

(1)說話、寫文章力求清楚。

(2)能用一句話表達的，不必用兩句話；能用七個字表達的，不必用十個字；反過來說，非要用兩句話才能說清楚的，絕不勉強壓縮爲一句（寫詩可以例外。）

(3)竭力避免歐化句法、日化句法。

(4)多注意文法和邏輯。

(5)學習運用深入淺出的文字，絕對不要把淺顯的意思說得很「深奧」。

(6)運用翻譯名詞要十分慎重，不可人云亦云，「不思而得」。譬如有人把「style thought」一詞中譯爲「思想風格」，便是非常謬誤的譯法，絕不可任意沿用。

最後，試舉數例，略加修改，以供參考：

例一：「在台灣這是造成文化經濟向前推的主要原因和動向」可改做「這是台灣文化經濟進步的主因」。

例二：「十九世紀末，日本經過明治維新，大量吸收西方思想觀念做為其國家進入近代化階段的準備。」可改做「十九世紀末，日本明治維新時大量吸收西方思想，使它逐漸近代化。」

例三：「不僅能感染讀者，更進一步能影響讀者，具有一種與我同行的召喚力量，使讀者能生敬慕嚮往之情。」可改做「不僅感染讀者，更能影響讀者，使之敬慕嚮往，與我同行。」

例四：「詩中的『黑浪』，是詩人心靈中陰暗的迷茫不知所措心情的流露」，可改做「詩中的『黑浪』，流露了詩人陰暗、迷茫的心情。」（「不知所措」就是「迷茫」）。

例五：「他們最直接的呼求對象，其實就是日本殖民者及其賴以統治台灣的意識型態。」最後的「及其」以下十三字可以全刪，因爲「呼求對象是日本殖民者」，已包含了後半的意思。

大家一起來拯救偉大的中國文字吧！